Su Verdadera y Breve Historia

"Una cadena de disparates que se remonta a la época de la colonia"

Guillermo Capriles

**Ediciones
De La Parra**

EDICIONES DE LA PARRA
Caracas, Venezuela 2017

VENEZUELA, SU VERDADERA Y BREVE HISTORIA.

"UNA CADENA DE DISPARATES QUE SE REMONTA A LA ÉPOCA DE LA COLÓNIA"

ESCRITO POR:
Guillermo Capriles

EDITADO POR:
Ediciones De La Parra

PORTADA
María Gabriela Capriles

Segunda edición, JULIO de 2017

ISBN 978-0-615-41370-9
90000>
9 780615 413709

A la pobre Venezuela

la cual ha recibido más palo

que piñata de barro

y ya no aguanta más...

Dedicatoria

Dedico este libro a mi papá, a mi mamá y a mis tíos de quienes aprendí gran parte de lo que plasmo en el mismo, y a mis hijos que, de una forma u otra, con un gran empeño, cariño y esfuerzo, colaboraron arduamente en la corrección y edición del libro.

A todo venezolano que ame a su país, especialmente al *Dr. Luis Sanz, al Dr. Fernando Rísquez* y a mi nieta *Carolina Arias* quienes me dieron el ánimo de seguir escribiendo después que leyeron mi primer libro *"Anécdotas y enseñanzas de Pipo Capriles"*.

Guillermo Capriles-Meaño.

CONTENIDO

v

PRÓLOGO

A pesar de que la historia es un hecho que no se puede cambiar, siempre va a haber algo subjetivo al transmitirla, muchas veces para adaptarse a lo que la sociedad permite contar.

Las historias que conocemos son contadas por los vencedores y no representa necesariamente lo que realmente aconteció, hasta el extremo de que algunos hechos históricos han sido distorsionados para satisfacer las ideologías de muchos gobernantes.

En este pequeño libro, me he esmerado en escribir la historia de Venezuela lo más brevemente posible a fin de que sea fácil de leer y entender.

En todos los acontecimientos que narré, tenía mucho más conocimiento de los que plasmé en el libro, pero lo hice así para condensar lo más posible los hechos a fin de hacer el libro ameno y fácil.

Como ejemplo, hay un hecho de gran importancia que todos conocemos, pero no sabemos lo que realmente sucedió, como es el caso de la pérdida de nuestro territorio en la Guayana. En este libro, en 3

1

páginas, queda clara y totalmente explicado como sucedió este atropello.

Así mismo, muchos venezolanos desconocen que: En 1943 Venezuela fue invadida por la Alemania nazi, con dos submarinos que llegaron al lago de Maracaibo. Torpedearon y hundieron siete tanqueros venezolanos con la pérdida de 18 vidas.

EL DESCUBRIMIENTO

¿Cómo es esto del descubrimiento de América? Es como si alguien tocara la puerta de tu casa y te dijera: "Estás descubierto, tu casa es mía y ahora eres mi esclavo".

Cuando Cristóbal Colón salió hacia "Las Indias", lo hizo de "Puerto de Palos de la Frontera", Andalucía, España, el 3 de agosto de 1492. Desde allí partió con tres carabelas destartaladas, "La Pinta", "La Niña" y la "Santa María", y con un montón de forajidos y presos convictos que fueron excarcelados por la Reina de España con el fin de que se fueran con él, unos 90 hombres aproximadamente en una aventura que nos imaginamos, ni él mismo estaba seguro a dónde iba llegar.

Paró en las Islas Canarias para arreglar las barcazas y después de repararlas, finalmente arrancó en su viaje de aventura, el 6 de septiembre. La Santa María ni siquiera pudo regresar...

La mayor parte de los aventureros que vinieron desde España, venían de Andalucía, de las Islas Canarias y de Vascongada. Esta mezcla de caracteres, culturas y costumbres, dio a los venezolanos sus dos mejores características: el buen humor andaluz e isleño y lo trabajador de los vascos; cualidades que lamentablemente estamos perdiendo...

Cabe notar que la familia Bolívar descendía de vascos y la familia Palacios de canarios, ambas de la alta sociedad de Caracas.

Colón llegó a la Provincia de Venezuela en su tercer viaje, en 1498.

El segundo viaje de Colón, iniciado en 1493, significó en cierto modo el comienzo de su declive, pues puso de manifiesto sus pocas dotes de mando. Empezó a ser palmario que el gran navegante era un pésimo administrador, iracundo, vengativo e indeciso, tanto que hasta sus colaboradores empezaron a detestarlo y no perdieron ocasión de criticarlo ásperamente en sus informes a la corte.

Cinco años después, en su tercer viaje, todos estos problemas se acentuaron hasta el punto de ser designado por los reyes, un comisario real, Francisco de Bobadilla; este se trasladó a las Indias con plenos poderes para tratar de poner orden en la gobernación de Colón.

En su último viaje, en 1502, Colón visitó Honduras, Nicaragua, Costa Rica y Jamaica, donde a consecuencia de un huracán, sus naves quedaron inmovilizadas durante un año. Cuando llegaron los socorros desde Santo Domingo, los náufragos españoles se hallaban extenuados y el almirante padecía fuertes dolores producidos por la artritis. Hacía poco que había cumplido los cincuenta años, pero aparentaba muchos más; tenía el cabello prácticamente blanco, pesadas arrugas que le surcaban el rostro y unas profundas ojeras en torno a los ojos.

Su regreso definitivo a España se produjo el 7 de noviembre de 1504. Después de reclamar infructuosamente sus derechos al Rey Fernando durante dos años y ya enfermo y cansado, el almirante se instaló en un convento franciscano y redactó su testamento. El 20 de mayo de 1506, la muerte puso fin a sus desvelos.

Los nativos de América, quienes fueron bautizados "indios", fueron castigados, obligados a trabajos forzados y a aprender la religión católica. Antes del "descubrimiento" vivían cómodamente de la caza y la pesca; las mujeres realizaban los trabajos del hogar y del campo. Por supuesto que no rendían mucho como esclavos.

El Padre Bartolomé de las Casas propuso que se trajeran esclavos negros de África, quienes eran buenos trabajadores y así alivianarían el trabajo de los indios. Los españoles trajeron los esclavos, pero la situación de los indios no mejoró mucho.

Muchos de los esclavos que fueron trasladados desde el continente africano ya eran esclavos allá, provenían de las disputas y luchas entre tribus y razas.

Así vivieron las colonias españolas durante tres siglos, donde hubo una gran mezcolanza de razas entre los españoles, negros e indios de cada región.

LA INDEPENDENCIA

En 1808, *Napoleón Bonaparte* ocupó España y nombró a su hermano menor, *José Bonaparte*, como Rey de España.

En 1810, en Venezuela, colonia española, se reunió la oligarquía caraqueña conformada por los *"criollos"*, españoles nacidos en la Provincia de Venezuela, para ver que hacían con los impuestos que pagaban regularmente a España. Decidieron entonces nombrar y así efectivamente lo hicieron, el 19 de abril de 1810, un gobierno **"En nombre y representación de la corona de España"**, pues no le iban a enviar el dinero de sus impuestos a los franceses.

La Corona siguió exigiendo a las colonias que le continuaran pagando sus impuestos regulares, más los caídos (los que se habían dejado de pagar) y para colmo un **nuevo impuesto para la reconstrucción de España.**

El gobierno de Venezuela le contestó, que pagarían los impuestos tradicionales, pero no los caídos y ni hablar del nuevo impuesto, que eso de la reconstrucción era problema de ellos.

7

El Rey insistió en que había que **pagar todos los impuestos**, por lo que a Venezuela no le quedó más remedio que declarar su independencia de España, hecho que sucedió el 5 de Julio de 1811.

hacer y existiran las Naciones libres é independientes.
Y para hacer valida, firme y subsistente esta nuestra
solemne declaracion, damos y empeñamos mutuamte unas
Provincias á otras, nuestras vidas, nuestras fortunas, y el
sagrado de nuestro honor Nacional.

Dada en el Palacio federal de Caracas, firmada
de nuestra mano, sellada con el gran sello provisional
de la Confederacion, y refrendada p.r el Secretario del Congreso á cinco dias del mes de Julio del año de mil ocho-
cientos once, primero de nuestra Independencia cath.ca no
imponta q.e v.e

Firmaron el acta los diputados presentes:

Por la Provincia de Caracas:

Juan Antonio Rodríguez Domínguez (presidente)

Luis Ignacio Mendoza (vicepresidente)

Isidro Antonio López Méndez

Juan Germán Roscio

Felipe Fermín Paúl

Francisco Xavier Ustariz

Nicolás de Castro

Fernando de Peñalver, Gabriel Pérez de Pagola

Salvador Delgado

El Marqués del Toro

Juan Antonio Días Argote

Gabriel de Ponte

Francisco Isnardi (secretario)

Juan José Maya

Luis José de Carzola

José Vicente Unda

Francisco Xavier Yanes

Fernando Toro

Martín Tovar Ponte

José Ángel de Álamo

Francisco Hernández

Lino de Clemente

Juan Toro.

Por la Provincia de Cumaná:

Francisco Xavier de Mayz

José Gabriel de Alcalá

Juan Bermúdez

Mariano de la Cava.

Por la Provincia de Barinas:

Juan Nepomuceno de Quintana

Ignacio Fernández

Ignacio Ramón Briceño

José de la Santa y Bussy

José Luis Cabrera

Ramón Ignacio Méndez

Manuel Palacio

Por la Provincia de Barcelona:

Francisco de Miranda

Francisco Policarpo Ortiz

José María Ramírez

Por la Provincia de Margarita:

Manuel Plácido Maneiro

Por la Provincia de Mérida:

Antonio Nicolás Briceño

Manuel Vicente de Maya

11

Por la Provincia de Trujillo:

Juan Pablo Pacheco

Para este año, el recién formado congreso eligió un triunvirato para presidir el nuevo gobierno, encabezado por *Cristóbal Mendoza* junto con *Juan Escalona* y *Baltasar Padrón*.

El triunvirato gobernó hasta 1812. Cuando los fuertes enfrentamientos entre realistas y patriotas habían llegado a un equilibrio de fuerzas, **Juan Domingo de Monteverde** llegó a Venezuela procedente de Puerto Rico. Estaba acompañado de una pequeña infantería de marina que desembarcó en la ciudad de Coro el 12 de febrero.

Por todo esto empezó la Guerra de Independencia, que duraría 10 años. A Monteverde se le unieron las tropas realistas de todas partes de Venezuela, formando un poderoso ejército. Entonces, el 25 de marzo de 1812, el ejecutivo de la República, alarmado, designó al **General Francisco Miranda** como comandante en jefe del ejército y le confirió poderes extraordinarios.

Monteverde se vio favorecido por el terremoto de Venezuela ocurrido el 26 de marzo de 1812, en este perecieron miles de civiles y tropas patriotas. Este hecho hizo que aumentara la impopularidad que, a la causa de la independencia, existía en la sociedad venezolana.

El 4 de abril acaeció una réplica violenta del terrible sismo con un total de 20.000 personas muertas.

Miranda, ante la caída de la plaza Puerto Cabello, defendida por Bolívar, además de la insurrección de los esclavos en la región de Barlovento, que amenazaban con marchar contra Caracas y la situación militar de la República, se inclinó a entrar en negociaciones con los españoles. El 25 de julio de 1812, Miranda se vio obligado a firmar un armisticio a cambio de que se respetara a los vencidos con todos sus derechos.

Lamentablemente, los términos de este justo y noble armisticio no fueron cumplidos por Monteverde, quien *expropió todos los bienes de los insurrectos* e inició una cruel persecución contra los patriotas que apoyaban la independencia, mandando a matar a miles de personas, incluyendo mujeres y niños.

Miranda fue injustamente calificado de traidor y entregado por los patriotas *Bolívar, Casa y Peña* a los realistas, quienes lo confinaron en la Carraca, en Valladolid, España, donde murió el 14 de Julio de 1816.

Todos los demás patriotas huyeron despavoridos de la feroz persecución; Bolívar se fue a Cartagena donde lanzó su **"Manifiesto de Cartagena"**, mediante el cual analizó los errores de la primera República. En él escribió sobre el Sistema Federal, la debilidad del gobierno, la impunidad de los delitos, la mala administración, la influencia de la Iglesia contra la independencia y la dificultad de formar un ejército permanente, bien organizado y bajo un mando único. Con esta declaración Bolívar obtuvo una gran popularidad.

Simón Bolívar

Simón José Antonio de la Santísima Trinidad Bolívar Ponte y Palacios Blanco, nació en Caracas el 24 de julio de 1783.

Fue descendiente de una familia de origen vasco establecida en Venezuela desde fines del siglo XVI que ocupaba en la provincia, una destacada posición económica y social.

Era hijo del coronel **don Juan Vicente Bolívar** y de **doña María de la Concepción Palacios y Blanco.** Tuvo tres hermanos mayores que él: María Antonia, Juana y Juan Vicente, además de otra niña, María del Carmen, que murió al nacer. Antes de cumplir tres años, Simón perdió a su padre, fallecido en enero de 1786.

La educación de los niños corrió a cargo de la madre. Su crianza le fue confiada a Luisa de Mijares y más tarde a la negra Hipólita.

A los quince años de edad, Bolívar ya era huérfano de padre y madre. Su tío y tutor Don Carlos Palacios, le hizo trasladar a Madrid para continuar con sus estudios.

Él era muy apasionado, a los 17 años se enamoró y con tan sólo 19 años de edad, el 26 de mayo de 1802, contrajo matrimonio con **María Teresa del Toro y Alayza,** quien era casi dos años mayor que él. Luego regresó a Caracas para dedicarse a la agricultura en las haciendas heredadas. El 22 de enero de 1803 su esposa falleció de fiebre amarilla.

¿Han pensado ustedes cómo hubiera sido la guerra independencia y como sería Venezuela, si la esposa de Bolívar no hubiese muerto?

En 1813 organizó un pequeño ejército con el que arrancó desde Cartagena hacia Caracas en la llamada **"Campaña Admirable".** A medida que iba ganando batallas, agrandó su ejército hasta entrar triunfalmente a Caracas proclamándose *"El Libertador".* Nació la "Segunda República".

Desde el principio de las hostilidades, España trató a los patriotas como bandidos y delincuentes a quienes había que exterminar de la faz de la tierra. Ellos respondieron en la misma forma contra los peninsulares y los canarios.

Este fue un período de guerras y guerrillas sumamente sangriento. Venezuela vivía en una guerra civil pues los llaneros venezolanos estaban con Boves, con los realistas. Esto llevó a Bolívar a decretar la **"Guerra a Muerte"**, en la cual no había prisioneros pues eran fusilados. *"españoles y canarios, contad con la muerte, aunque seáis inocentes; venezolanos, contad con la vida, aunque seáis culpables".* La idea de Bolívar fue crear una definición de bandos.

Juan Bautista Arismendi empezó las atroces matanzas colectivas que habrían de llenar de horror al suelo americano. En 1814, por orden de Bolívar, Arismendi hizo fusilar 886 prisioneros españoles en Caracas y la Guaira.

Por su parte, del lado de los realistas, *José Tomas Boves* siguió el ejemplo; degolló a cuanto blanco patriota cayó en sus manos y pasó por las armas a centenares de prisioneros patriotas.

Este terrible personaje, *José Tomás Boves,* fue un caudillo español que tenía a su favor a los llaneros venezolanos.

Boves hizo desguaces con los pobres patriotas, su maldad era inconmensurable. A los prisioneros les mandaba a cortar la lengua y luego los fusilaba.

En una oportunidad, Boves hizo una gran fiesta de "reconciliación" e invitó a toda la sociedad capitalina, quienes como mansos corderos cayeron como conejitos en la trampa. Mientras bailaban muy amenos, los iban sacando, uno por uno, hacia el patio trasero para cortarles la lengua y luego fusilarlos, como a cualquier prisionero.

El terror a Boves hizo mucho daño en las filas patriotas hasta el día de su muerte en la batalla de Urica en 1814. A Boves le sucedió entonces como líder de los llaneros, **José Antonio Páez,** un joven de apenas 24 años, nacido en Curpa, estado portuguesa, el 13 de junio de 1790, muriendo en Nueva York, Estados Unidos, el 6 de mayo de 1873.

Bolívar rápidamente organizó una reunión con Páez, quien aguardaba muy sigiloso a entrevistarse con "El Libertador". Cuando Páez vio a Bolívar, un hombre de pequeña estatura exclamó: ¿Es este el Libertador? Bolívar, una persona de una personalidad sobresaliente, le clavó una mirada fuerte a lo que Páez respondió diciéndole a sus compañeros: "Este es El Libertador" … y los llaneros se unieron a la lucha contra España.

En mayo de 1814, el rey Fernando VII regresó a España y a fines de ese año designó al general español *Juan Pablo Morillo*, jefe de una expedición conformada por 15.000 hombres en 75 buques; salió de Cádiz el 15 de febrero de 1815 y tocó suelo venezolano en Puerto Santo el 9 de abril de ese año. Morillo llegó a Caracas sin encontrar resistencia, así cayó la Segunda República.

Morillo fue lo peor que pudo haber enviado España a las colonias americanas. La crueldad de Morillo era inaudita; después de fusilar a sus víctimas, colgaba sus cuerpos de la horca y a muchos les prendían fuego o los descuartizaban. Obligaron a los hijos a azotar a sus padres y a otros los amarraban en parejas y los despeñaban por precipicios.

Las iniquidades de Morillo y sus tropas en vez de apagar la llama de la libertad la avivaron.

Bolívar huyó a Haití y desde ahí se organizó de nuevo e invadió por Puerto Cabello. Se inició entonces una interminable guerra. Una batalla tras otra que no inclinaban la balanza hacia ninguno de los lados combatientes, manteniéndose en el poder la Corona española.

En 1817 creció la resistencia patriota en los llanos de Apure y Casanare; ante tales circunstancias, Morillo marchó apresurado a Venezuela para enfrentarse a Bolívar en la batalla de La Puerta, donde recibió un lanzazo y a pesar de la herida, siguió comandando su tropa hasta derrotar a los patriotas.

Sin embargo, luego la cosa mejoró para los patriotas y el 26 de noviembre de 1820, Morillo y Bolívar firmaron en Santa Ana, Venezuela, un "Tratado de Armisticio y Regulación de la Guerra", que buscaba atenuar la barbarie y respetar la vida de civiles y prisioneros. Poco después Morillo dejó el mando y regresó a España sin haber cumplido sus objetivos de reconquista.

Continuó una interminable, cruel y sangrienta batalla de batallas. En Oriente se alzaron Mariño y Arismendi, a quienes se les unió Antonio José de Sucre, y en Occidente se alzó Rafael José Urdaneta. A pesar de todo esto no lograron vencer a los españoles.

Bolívar se había dado cuenta de que el gobierno español era reforzado desde Nueva Granada, por lo que decidió invadirla y dar la gran Batalla de Boyacá, donde logró, en agosto de 1819, vencer al ejército español.

Finalmente, después de 10 años de encarnizada lucha, el 24 de junio de 1821, Bolívar logró unir a las fuerzas patriotas. Se les unió también La Legión Británica, cuya participación fue clave para el triunfo. Con 6.000 soldados logró dar la gran Batalla de Carabobo y vencer al ejército español de 10.000 soldados comandados por el Mariscal de Campo, *Miguel de la Torre*.

Venezuela quedó totalmente desbastada con la guerra de independencia, **y en lugar de dedicarse a reconstruirla**, Bolívar decidió continuar, acompañado de Sucre y su ejército, con la liberación de Suramérica. Este hecho jamás fue agradecido por esas naciones.

Muchos historiadores piensan que no fue a libertar sino a la conquista de sur...

Con la Batalla de Pichincha, el 24 de mayo de 1822, liberaron a Ecuador; luego, con la gran

Batalla de Ayacucho, el 9 de diciembre de 1824, a Perú y Bolivia, el Alto Perú en esos tiempos. Ambas batallas se llevaron a cabo bajo el liderazgo de *Antonio José de Sucre,* gran estratega militar nato, nacido en Cumaná el 3 de febrero de 1795.

Antes de la Batalla de Ayacucho, a pesar de su desventaja en el número de hombres (6.000 soldados contra 9.320), Sucre le pidió al ejército español que se rindiera y le dio las condiciones de que en la Gran Colombia **no habría vencidos ni vencedores**; que ellos podrían quedarse en América, que se respetarían todos sus derechos y sus propiedades, las cuales podrían vender e irse, o casarse y vivir allí, trabajar libremente o lo que decidieran.

Lo más sabio de Sucre fue que después de ganar la batalla, les dijo a los españoles que **"las condiciones de la Gran Colombia serán iguales después, que antes de la victoria"**.

Esta actitud de Sucre fue lo que realmente consagró la libertad de estos países, pues el ejército español se desmembró, muchos desertaron y se acogieron a las condiciones de la Gran Colombia.

El 24 de Julio de 1823, la armada española intentó invadir el Golfo de Venezuela, pero fue derrotada muy hábilmente por el Almirante José Prudencio Padilla, en la espectacular **Batalla Naval del Lago de Maracaibo**, la cual selló definitivamente la independencia de Venezuela.

La Gran Colombia fue conformada por Venezuela, Nueva Granada y Ecuador. La capital era Bogotá. Venezuela, que era simplemente una provincia de la Gran Colombia, decidió separarse en 1830. El Congreso Constituyente decidió que Páez, quien venía ejerciendo las funciones de Jefe Civil Militar del Departamento de Venezuela desde 1822, continuara en las funciones del Poder Legislativo y bajo su mando, se elaboró una nueva constitución.

Esta constitución, entre muchas otras cosas, estableció que los hijos de esclavos eran libres. Fue la primera en el mundo en dar este gran paso.

Límites con Colombia:

Aunque la separación de la Gran Colombia había quedado consumada, las negociaciones fronterizas continuaron. En 1833, el canciller venezolano Santos Michelena y su comitiva, se entrevistaron con el canciller colombiano Lino de Pombo, y entre "fiesta y fiesta", hicieron un "tratado de amistad": "El Tratado Pombo-Michelena", supuestamente un tratado de alianza, comercio, navegación y de límites.

De acuerdo con este tratado, Venezuela perdía toda la península de Perijá y parte de Táchira, que le pertenecían, además de **la zona al sur del rio Meta**, que también pertenecía a Venezuela y nadie la menciona.

Los límites originales se pueden observar en el mapa de la Gran Colombia a continuación:

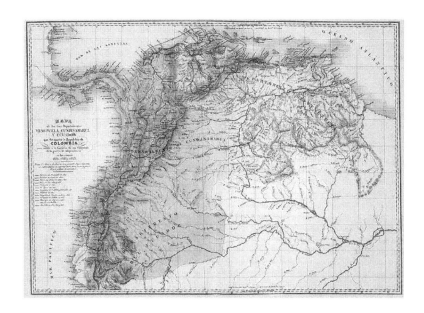

Por supuesto que Colombia aceptó este tratado, pero el Congreso venezolano lo rechazó definitivamente en 1840.

En 1881 fue nombrado el rey de España, árbitro, quien, en 1891, dictó un laudo arbitral, aunque menos desfavorable, inaceptable para Venezuela. En 1916 intervino el *Consejo Federal Suizo* y tampoco se llegó a nada razonable. A partir de 1932, se suspendieron las negociaciones.

Incomprensiblemente, los presidentes *Eleazar López Contreras* y *Eduardo Santos* firmaron un tratado de límites el 5 de abril de 1941, en Cúcuta,

25

Colombia. Allí el presidente Contreras le regaló a Colombia toda la península de la Guajira.

Dicho tratado se hizo en base al concepto de "costa seca", es decir, que la jurisdicción colombiana cesa al comenzar el agua, la cual es soberanía venezolana.

Andrés Eloy Blanco exclamó: "*Conociendo bien la leyenda que se nos atribuyó, Colombia era una Universidad, Venezuela era un cuartel, Ecuador era un convento. Pero lo cierto es que esta tierra de levantisca, esta tierra de hombres retrecheros, esta tierra que nació en los cuarteles y se crio en los vaivenes durante una centuria, ha perdido la quinta parte de su territorio sin disparar un tiro*".

A pesar de la cesión de Venezuela, los colombianos no se tranquilizaron en su deseo de arrebatarnos más territorio y siguieron insistiendo que parte de las aguas marinas y submarinas del Golfo de Venezuela, era de ellos. Los colombianos continúan con esto hoy en día, poniéndolo así en sus mapas y enseñándolo así en los colegios del vecino país.

En 1952 surgió un movimiento en Colombia sobre el archipiélago de Los Monjes, punto clave para la delimitación de las aguas del Golfo. El presidente de Venezuela para la época, General Pérez Jiménez, les contestó que él no discutía el Golfo, ni Los Monjes, que eso era venezolano. Envió la armada venezolana a Los Monjes a izar la bandera de Venezuela y al ejército a la frontera con Colombia. Le dijo al gobierno colombiano: "Mi mamá nació en Bucaramanga y yo estudié bachillerato ahí, pero sí tenemos que pelear, vamos a pelear". Colombia reconoció la soberanía de Venezuela sobre el archipiélago.

En 1960, promovido por Colombia, las *Naciones Unidas* promulgó un "Tratado del Mar", el cual, en una de sus cláusulas, declaró nulo el concepto de "costa seca". Ni Venezuela, ni Estados Unidos, ni muchos otros países firmaron dicho tratado y, por consiguiente, no estamos sujetos al mismo.

Sin embargo, Colombia ha seguido insistiendo en que se le reconozca la soberanía sobre una gran parte de la zona marina y submarina del Golfo de Venezuela. En cada nuevo gobierno que ha tenido Venezuela, Colombia ha intentado empezar nuevamente las discusiones sobre la delimitación de las aguas del Golfo. Solamente el doctor Rafael Caldera intentó conversar con ellos, saliendo con las tablas en la cabeza. Ningún otro gobierno ha aceptado, afortunadamente, tratar el punto.

Guayana Esequiba:

La Guayana Esequiba también pertenecía a la Provincia de Venezuela, como pueden observar en el mapa de la Gran Colombia que se anexó anteriormente.

Los ingleses de la *"Guayana Inglesa"* se infiltraron en la Guayana venezolana, la cual hoy en día llamamos la *"Guayana Esequiba"*, Poco interés mostró España durante la época de la colonia, por ese territorio, pues no se había descubierto y no existía explotación alguna de los valiosos minerales que hay en esa región.

Después de muchas reclamaciones de Venezuela, comenzadas en 1821 por Bolívar, en 1834 Inglaterra envió una comisión especial a la Guayana inglesa a cargo de *Sir Robert Schomburgk*, para que realizara un reconocimiento de los límites entre las regiones. Dicha comisión presentó un informe en 1841, con un proyecto limítrofe desfavorable para Venezuela, quien protestó firmemente contra el gobierno inglés.

En 1850 se firmó un convenio según el cual, ninguno de los dos países podía hacer nuevas colonizaciones en el territorio en litigio. Las negociaciones continuaron hasta 1886, cuando Inglaterra declaró oficialmente que no accedería a ninguna exigencia de Venezuela sobre ese territorio. Venezuela rompió relaciones diplomáticas con Inglaterra y apeló a la intervención de los Estados Unidos, evocando la Doctrina Monroe: "América para los americanos".

En 1895, el presidente Cleveland de los Estados de Unidos, le envió un mensaje de guerra a Inglaterra porque consideraba que la conducta ese país es una flagrante violación del derecho internacional. Inglaterra aceptó ir a un "Laudo Arbitral" condicionando a que no hubiese representantes ni de Venezuela, ni de la Colonia Británica.

Después de 76 años de lucha en defensa de nuestro territorio, el señor *José Andrade,* enviado por el presidente de Venezuela, *Joaquín Crespo*, aceptó y firmó el 2 de febrero de 1897, un **"Tratado de Arbitraje"**, el cual estaría compuesto por cinco juristas: dos norteamericanos, dos británicos y uno nombrado por estos cuatro. Fue nombrado un ruso, Frederick de Martens. En el

Laudo Arbitral que firmaron el 3 de octubre de 1899, el ruso se vendió y se parcializó por Inglaterra. Ellos dictaminaron despojándonos del territorio en disputa, que eran 50.000 km² que venían poseyendo, más 117.830 km² adicionales, con una pérdida total para Venezuela, de 167.830 km² de territorio.

Lamentablemente, Venezuela no se pronunció sobre este laudo y tristemente borró del mapa la zona en litigio.

En 1961, *Cheddi Jagan*, de tendencia comunista, fue electo Primer Ministro de la Guayana Británica. Él inició un movimiento independentista de la Corona Inglesa.

Esto despertó a los venezolanos para reclamar nuevamente el territorio usurpado, con el fin de que no fuese entregado a la nueva Guayana Británica independiente. En este caso, la corona inglesa, como no le convenía darle la independencia a ese territorio, cambió de actitud y apoyó a Venezuela para que reclamara nuevamente el territorio de la Guayana Esequiba. Venezuela hizo su reclamo ante las Naciones Unidas reviviendo así el litigio y volvió a marcar en sus mapas la Guayana Esequiba como zona en reclamación. En 1966, Inglaterra, para huir del problema, concedió la independencia a la Guayana Británica que pasó a ser la República de Guyana; esta por supuesto evadió la disputa. Absurdamente Venezuela reconoció al nuevo país, aunque sin reconocer el territorio en conflicto.

SIGLO XIX, PERIODO POST-INDEPENDENCIA

Entre los años 1830 y 1847 se desarrolló una tranquilidad política y una alternabilidad presidencial entre *José Antonio Páez* y *Carlos Soublette*.

En el año 1847 fue electo *José Tadeo Monagas*. Él inició lo que se llamó la dinastía los Monagas; a éste le sucedió su hermano *José Gregorio Monagas* y luego volvió *José Tadeo Monagas*. Esto significó un cambio drástico en todos los sistemas políticos y administrativos del gobierno, hasta 1857.

Durante este período se declaró la abolición de los esclavos, lo cual fue una confirmación de lo establecido en la constitución en 1821; o sea que todos los menores de 33 años ya eran libres porque habían nacido luego de promulgada dicha constitución.

La Guerra Federal

La Guerra Federal de Venezuela, también conocida como la "Guerra Larga", "Revolución Federal" o la "Guerra de los Cinco Años", fue un enfrentamiento militar entre tendencias conservadoras y liberales en el siglo XIX (1859-1863) y es considerado el enfrentamiento bélico más largo y más costoso para Venezuela, tras la independencia.

Fue una espantosa guerra de guerrillas y caudillos con bandos no muy bien definidos, donde todo el mundo peleaba contra todo el mundo, todos por tratar de ganar el poder.

Los protagonistas de la Guerra Federal fueron Juan Crisóstomo Falcón y el forajido *Ezequiel Zamora* (hasta su muerte de un balazo en la toma de la plaza de San Carlos), quien, por no tener rango militar, se auto proclamó *"General del Pueblo Soberano"*, por el lado liberal; José Antonio Páez encabezó el bando del gobierno conservador.

Zamora, sale reflejado en los libros actuales como un héroe de la nación y así lo enseñan en la historia de Venezuela, pero esto es **completamente falso,** y esta información fue refrendada por mi padre y mis tíos, pues mi abuelo y bisabuelo vivían en Coro, estado Falcón, y habían sufrido en carne propia el percance de la guerra federal. Cuando yo estaba en primaria, ellos afirmaban que Ezequiel Zamora había sido un delincuente, bandido, asaltante, caudillo, cuatrero etc. que tenía un gran carisma; con una palabrería convencía a otros forajidos e iban y asaltaban las haciendas por comida y descanso, forzaban a las niñas y a las mujeres sexualmente, se robaban todo y mataban a todo el que no apoyara sus ideales; todo esto bajo la bandera de la revolución, etc....

En el proceso de esta guerra estuvieron a la cabeza del gobierno los siguientes presidentes:

1858-1859: Julián Castro, quien, como estudiamos antes, renunció.

1859: Dr. Pedro Gual, quien renunció.

1859-1861: Dr. Manuel Felipe Tovar, que fue derrocado.

1861-1863: General José Antonio Páez

Venezuela tras la Guerra Federal

El conflicto terminó en abril de 1863, con el triunfo "nominal" de la Federación, aunque en la práctica, este principio político nunca pasó de ser una etiqueta. En realidad, la Guerra Federal no modificó nada y todo siguió igual o peor...

Esta guerra significó **cuantiosos daños a la economía, principalmente en los sectores agrícolas y ganaderos.** Los pueblos y las aldeas fueron saqueados, los campos arrasados y la ganadería sufrió pérdidas irreparables. La nación se endeudó con la solicitud de préstamos al exterior para tratar de solucionar los problemas prioritarios, esto llevó a empeorar la situación.

A pesar de la firma del fin de la guerra, continuó el caudillismo y continuas batallas por el poder, golpes y contragolpes. Continuamente hubo cambio de gobernantes.

En el cuadro siguiente se puede observar la inestabilidad de las presidencias de Venezuela durante el siglo XIX. De 1831 a 1899, en 68 años, Venezuela tuvo la menudencia de 24 presidentes, sin contar los interinos ni los provisionales.

FECHAS	PRESIDENTES
1831 -1835	José Antonio Páez
1836-1836	José María Vargas
1837 – 1839	Carlos Soublette
1839 – 1843	José Antonio Páez
1843 – 1847	Carlos Soublette
1847 – 1851	José Tadeo Monagas
1851 – 1855	José Gregorio Monagas
1855 – 1857	José Tadeo Monagas
1857 – 1859	Julián Castro
1859 – 1861	Manuel Felipe Tovar
1861- 1863	José Antonio Páez
1863 – 1868	Juan Crisóstomo Falcón
1868 – 1870	José Ruperto Monagas
1870 – 1877	Antonio Guzmán Blanco

1877 – 1878	Francisco Linares Alcántara
1878 – 1884	Antonio Guzmán Blanco
1884 – 1886	Joaquín Crespo
1886 – 1887	Antonio Guzmán Blanco
1887 – 1888	Hermógenes López
1888 – 1890	Juan Pablo Rojas Paul
1890 – 1892	Raimundo Andueza Palacios
1892 – 1897	Joaquín Crespo
1897 – 1899	Ignacio Andrade

EL SIGLO XX

Cipriano Castro, quien gobernó desde 1899 hasta 1908, potenció los gastos, el despilfarro y los endeudamientos de la nación. Hizo grandes fiestas en el Palacio Presidencial de La Loira. Las deudas se volvieron impagables (y decidió no pagarlas), lo cual trajo como consecuencia que los acreedores, **Inglaterra, Alemania e Italia,** enviaran sus barcos de guerra para invadir a Venezuela.

Castro declaró entonces: *"La planta insolente del pie extranjero ha profanado el sagrado suelo de la patria".* En eso mandó a cortar unas matas de coco para que fuesen colocadas en las playas de Puerto Cabello, intercaladas con unos pequeños cañoncitos que casi no servían, para hacerles creer a los invasores que el ejército venezolano era fuerte.

Afortunadamente intervino Estados Unidos, evocando nuevamente a la ***Doctrina Monroe.*** Enviaron a la armada norteamericana advirtiéndoles a los invasores que, si atacaban, se las verían con ellos. Ante esto los acreedores aceptaron negociar.

Venezuela se comprometió a cancelar las deudas, **para lo cual entregó a los acreedores el control** de las aduanas, con el fin de que se fuesen cobrando la deuda de los impuestos que estas generaban.

Dictadura del General Gómez:

En 1908, Cipriano Castro salió de viaje a Europa, dejando encargado al vicepresidente *General Juan Vicente Gómez Chacón.* Aprovechando esta oportunidad, el alto mando militar se reunió y decidió no volverlo a dejar entrar en el país. Entonces los militares se entrevistaron con el General Gómez y le dijeron que él era el candidato a quedarse en la presidencia, a lo cual Gómez se negó, alegando que él no le haría eso a su compadre. El alto mando militar le dijo que esa era una decisión ya tomada, que tenía que aceptar porque si no lo hacía, se iba a tener que ir de viaje con su compadre. Así fue como Gómez quedó en la presidencia apoyado por el ejército. En agosto de 1909 fue nombrado "Presidente Provisional" por el Congreso y gobernó hasta 1935 con un régimen dictatorial, metiendo presos a sus opositores, pero quienes no se metían en política, vivieron un tiempo de trabajo, tranquilidad y armonía.

Cada 7 años, lo que duraba el período presidencial, se hacían elecciones y nombraban "presidentes" tales como *José Gil Fortoul, Victorino*

Márquez Bustillos y *Juan Bautista Pérez*, pero quien mandaba realmente era el General Gómez.

Empezó por organizar la Hacienda Pública, pagar la deuda, poner orden en el país y acabar con el caudillismo.

Aunque Lenin todavía no había sembrado su comunismo en Rusia, el General Gómez en 1913 declaró **"EL SUBSUELO ES DEL ESTADO"** y se apoderó de todos los puntos de extracción de petróleo, sin indemnizar a los dueños de las concesiones que poseían en ese momento, llevando a la quiebra a un sin número de inversionistas venezolanos; muchos de ellos eran personas honestas y de palabra, y vendieron todo para pagar a los acreedores, quedando en la ruina.

Muchos venezolanos piensan que esto fue muy positivo, a pesar del atropello a los inversionistas venezolanos, Pero me pregunto ¿Cuál era el objeto de esto, si más del 90% de las tierras eran baldías o pertenecían a la nación y se podían dar concesiones petroleras en esas áreas? ¿Cuál era entonces la necesidad de expropiar las concesiones existentes?

Luego Gómez procedió a dar dichas concesiones petroleras a los grandes consorcios extranjeros, con una regalía (un porcentaje de la producción) para el estado venezolano. Tuvo el desatino de no permitir que se refinara el petróleo en el país, pues no quería la "aglomeración de gente". Las refinerías se instalaron en Curazao y Aruba.

El desarrollo de la industria petrolera le dio un gran fresco a la economía, que le permitió a Gómez terminar de pagar la deuda pública, la cual finiquitó el día del centenario de la muerte del Libertador, el 17 de diciembre de 1930.

Ese día se hizo un gran homenaje en el cual ofrecieron que la nación nunca más le debería un centavo a nadie, "pues estuvimos a punto de perder nuestra libertad". Así fue por mucho tiempo, hasta 1959, en que empezó el desastre nuevamente.

Al terminar de pagar la deuda, Venezuela entró en un franco proceso de desarrollo. En Caracas se empezaron a construir nuevas urbanizaciones como El Conde, San Agustín del Norte y luego del Sur. Le siguieron La Florida, Los Caobos y Las Palmas entre otras.

Se empezaron a establecer industrias, comercios, bancos e instituciones financieras.

Período de transición a la democracia

El 17 de diciembre de 1935 murió Juan Vicente Gómez y le sucedió el *General Eleazar López Contreras,* quien hizo un gobierno de transición entre un régimen dictatorial y una democracia. De sus acciones podemos destacar que redujo el período presidencial de siete años a cinco años, (empezando por el suyo desde 1936 hasta 1941), abrió libertades políticas y quitó el control de prensa.

Muy grave y lamentablemente, como se dijo anteriormente, durante este período, en 1941, se firmó el tratado de límites con Colombia, regalando la "Guajira".

En 1938 se nombró una comisión del MOP, Ministerio de Obras Públicas, para hacer un plano regulador de las construcciones privadas en Caracas. Esta comisión, con el mayor desatino posible, dividió Caracas por zonas de acuerdo al valor de los terrenos, dando altas densidades de construcción a los terrenos del centro de la ciudad y bajas a los del este.

Muchos entendidos consideran esta distribución de nuestra ciudad capital como uno de los mayores disparates urbanísticos contemporáneos. Se ha debido conservar el centro de Caracas como estaba, como un patrimonio histórico cultural, y comenzar el desarrollo de la nueva Caracas hacia las zonas del este. Esto desembocó irremediablemente en el espantoso caos urbanístico que viven los caraqueños hoy en día.

Para colmo, la ingeniería municipal cambió el concepto de densidad de población por el de porcentaje (área de construcción). Este se mantiene hasta hoy en día, estrangulando las construcciones y de hecho la ciudad, con su consecuente escasez y alto costo de vivienda y comercios. Claro está que estas regulaciones se aplicaron únicamente a las construcciones privadas, pues cuando el gobierno hizo el "Parque Central", no respetó ninguna zonificación, ni porcentaje de construcción. La Urbanización Juan Pablo II, también es un ejemplo de esto.

Los judíos en Venezuela:

Cuando en los predios de la segunda guerra mundial, en 1938, los nazis empezaron a acosar a los judíos, muchos de ellos decidieron huir, algunos tomaron dos barcos y se fueron hacia Curazao, dada la trayectoria de "libre culto" de ese país. Pero el gobierno de la isla no los dejó desembarcar, entonces siguieron hacia Aruba, Trinidad y por último a Venezuela donde tampoco los dejaron desembarcar so pretexto de que esto iba a traer problemas de desempleo.

El *Doctor Celestino Aza Sánchez*, prominente abogado, se presentó al Congreso de Venezuela, formando un gran escándalo y ofreció su hacienda en Mampote para albergarlos, con lo cual obtuvieron el permiso de desembarcar.

Cuando los barcos se dirigían a Curazao, con la sola idea de anclar frente a sus costas y esperar, recibieron la noticia de que podían desembarcar en Venezuela. "Inimaginable alegría".

En aquella época no había radares ni las facilidades de navegación actuales para orientar a los barcos. Todo el pueblo de Puerto Cabello encendió las luces de los carros y las casas para ayudarlos a llegar al puerto. Se organizaron grandes caravanas de carros, autobuses y camiones para trasladar los recién llegados a Mampote.

El Doctor Aza Sánchez mandó a matar a unos novillos que tenía en su hacienda para alimentarlos. Un grupo de señoras de Caracas, se organizaron para llevarles carpas, alimentos, cobijas, sábanas, colchones y demás enseres.

La mayor parte de ellos luego fueron después, personas muy prominentes en la sociedad caraqueña.

Elecciones en 1940

López Contreras convocó a elecciones libres en 1940, las cuales ganó ampliamente el *General Isaías Medina Angarita*. En 1943 ellos fundaron el *Partido Democrático Venezolano*, PDV.

Durante este período, a pesar de la segunda guerra mundial, Venezuela continuaba con un amplio desarrollo industrial, financiero y comercial. Se construyó la urbanización "El Silencio", una obra magna que hasta hace poco fue muy admirada, pero acomodada al plan de urbanismo antes mencionado, que se hubiera podido ejecutar a un costo ínfimo en el este de la ciudad, sin necesidad de demoler la gran cantidad de casas que conformaban el barrio "El Silencio"; este tradicional sector de la ciudad se hubiese podido, simplemente remodelar.

Eugenio Mendoza, quien era Ministro de Fomento, llevó a cabo la Reforma Petrolera en la cual unificaron todos los contratos con las empresas dedicadas a la extracción de hidrocarburos. A pesar de que los adecos sabotearon la reforma, esta fue aprobada en 1943.

Lamentablemente también se aprobaron muchas leyes innecesarias, como la *Ley del Trabajo, la Ley del Impuesto sobre la Renta, la Ley de Impuestos Suscesorales, del Seguro Social Obligatorio,* leyes estas más bien perjudiciales dentro del gran desarrollo que traía el país.

El Gobierno del General Isaías Medina estaba apoyado por el partido Comunista; cambió el día del trabajador, que había sido declarado por Eleazar López Contreras el 24 de julio, día del natalicio del Libertador, por el 1ro de mayo, un día afín a los comunistas.

En 1943, Venezuela fue invadida por la Alemania Nazi, con dos submarinos que llegaron al lago de Maracaibo. Torpedearon y hundieron siete tanqueros venezolanos con la pérdida de 18 vidas. A pesar de la intervención de la armada norte americana, los submarinos Nazis lograron escapar; Venezuela rompió relaciones diplomáticas con Alemania y le declaró la guerra.

Reinicio de las dictaduras con el golpe de estado en 1945.

El general Medina era militar pero no militarista. De hecho, en uno de sus proyectos, pensaba eliminar al ejército; esto trajo un gran malestar en los militares de carrera.

Este descontento se encontró con la ambición desmedida de Rómulo Betancourt y su partido Acción Democrática, quienes querían llegar al poder a como diera lugar. Ambos se confabularon para dar el fatídico golpe de estado cívico-militar del 18 de octubre de 1945, un revés mortal a la joven democracia que se estaba consolidando, generando así una nueva era de distintas facetas de dictaduras.

El *Dr. Rafael Caldera* fue nombrado Procurador General de la Nación.

Se formó una "Junta Cívico Militar" presidida por *Rómulo Betancourt*, que duró de 1945 a 1948, empezó a gobernar por decreto e hizo un gobierno populista de ultraizquierda, filo comunista.

Se cambió el sistema de elección presidencial por directo, universal y secreto.

Antes, los votantes elegían a los Diputados a la Asamblea Legislativa de su Estado y a sus concejales.

Los diputados de las asambleas legislativas elegían a los senadores y los concejales a la Cámara de diputados.

El congreso en conjunto elegía al presidente de los "Estados Unidos de Venezuela".

Si analizamos esto imparcialmente, especialmente para aquella época, en que ni siquiera había medios de comunicación como la televisión, apenas unas emisoras de radio que mal funcionaban y pocos tenían, ese sistema se adecuaba bien al electorado, pues los ciudadanos elegían a los representantes de sus estados, pueblos y ciudades, los cuales conocían perfectamente y no como hoy en día, que se elige al que grita más bonito por la televisión.

Una de las primeras acciones de esta *Junta Revolucionaria de Gobierno"*, fue la de reorganizar

"la Seguridad Nacional" que había sido creada el 4 agosto de 1938. Cambió su esencia y comenzó a ser utilizada para ejercer una fuerte represión política contra la oposición del país. Empezaron las persecuciones y los encarcelamientos.

El gobierno le subió el impuesto a las petroleras al 50%, lo cual le dio una gran cantidad de efectivo para hacer toda clase de disparates y un despilfarro descomunal populista.

Se dictaron cualquier cantidad de insensatos decretos, como el No. 321, en el que le declaraba la guerra a muerte a la educación privada. Los estudiantes se lanzaron a las calles a protestar, perdiendo el año escolar, hasta que fue modificado el decreto.

Los adecos organizaron grandes manifestaciones del *"Partido de la Alpargata"*. Arremetieron contra la Iglesia. Brigadas del Ministerio de Sanidad iban a los colegios privados, retiraban a los niños y los llevaban en autobuses del Ministerio de Sanidad a unos extraños centros de salud, con la excusa de examinarlos. Una manera más de intimidar a la educación privada.

Lanzaron unas brigadas de inspección del Impuesto Sobre la Renta, recién creado, para revisar las contabilidades a honestos comerciantes e industriales.

Crearon una reforma agraria que acabó con el campo. Una reforma inmobiliaria y una ley de alquileres que exterminaron la construcción. En un mitin público en la plaza del Silencio, Rómulo Betancourt declaró abiertamente: *"No más colmenas de hormigón armado"*.

La junta de Gobierno convocó a una asamblea constituyente, ganó la mayoría en el Congreso y elaboró una nueva constitución a su medida.

En 1948 hubo elecciones libres las cuales ganó el escritor *Rómulo Gallegos*, apoyado por AD, pero por debajo de la manga siguió mandando Rómulo Betancourt, con el mismo desastre.

Los militantes de Acción Democrática, "adecos", han hecho un mito de Rómulo Betancourt y le llaman "el padre de la democracia" ... **¡Esto es una incongruencia!** ¿Cómo puede llamarse padre de la democracia a quien ha hecho su carrera política con un golpe de estado a un gobierno legítimamente constituido? Se le debería dar más bien el nombre de **"El padre de la desgracia"**.

Después que fue derrocado el gobierno de Rómulo Gallegos por el ejército, Rómulo Betancourt, sagaz político, se dio cuenta de que quienes podían impedir el desarrollo de su revolución eran los militares y desarrolló entonces una gran campaña de adoctrinamiento a todos los venezolanos, diciendo que los militares eran los malos de la partida.

DICTADURAS MILITARES

El alto mando militar presidido por *Carlos Delgado Chalbaud* se reunió con Rómulo Gallegos y le pidió que tomara el control del gobierno y que se deshiciera de Rómulo Betancourt. A esto, él se negó rotundamente. El ejército le insistió repetidamente, manifestándole que se verían obligados a deponerlo. Gallegos contestó que, si lo querían hacer, que lo hicieran, pero que él no quitaría a Betancourt del medio. Y así fue; el 24 noviembre 1948, Gallegos fue derrocado por un golpe militar encabezado por *Carlos Delgado Chalbaud, Marcos Pérez Jiménez* y *Luis Felipe Llovera Páez.*

La nueva Junta Militar de Gobierno presidida por Delgado Chalbaud, empezó por poner orden. Envió al ejército a los barrios a retirar gran cantidad de armas que habían sido suministradas por el gobierno de Rómulo Betancourt; el pueblo espontáneamente las entregó.

Las calles de Caracas se hallaban llenas de huecos por todas partes y eran intransitables. El gobierno contrató martillos hidráulicos y concreteras; en muy poco tiempo taparon todos los huecos, lo que los adecos habían declarado que era imposible.

Se inició entonces un período de progreso, planificación, tranquilidad y desarrollo económico. Se planificó la construcción de mejores vías de comunicación como la autopista Caracas-La Guaira, además de grandes obras, tales como la Universidad Central de Venezuela, mejores hospitales y colegios.

El 13 noviembre de 1950, Carlos Delgado Chalbaud fue secuestrado y asesinado. Se constituyó una nueva Junta de Gobierno, presidida por el civil *Germán Suárez Flamerich* junto a Marcos Pérez Jiménez y Luis Felipe Llovera Páez, quien gobernó hasta 1952.

La Junta decidió hacer elecciones libres en 1952, por supuesto, sin la participación del partido Acción Democrática, ni el comunista, que habían sido inhabilitados. Marcos Pérez Jiménez, candidato por el Frente Electoral Independiente, FEI, confiado en su victoria, dada la gran acogida que tenía donde quiera que fuera, nombró a la gente más honorable de Caracas para supervisar las elecciones, entre ellos al Doctor Vicente Grisanti, miembro de la junta electoral.

Las elecciones las ganó *Jóvito Villalba,* quien era el candidato de Unión Republicana Democrática (URD) y estaba apoyado por adecos y comunistas. Jóvito ganó con una gran ventaja y cuando se empezaron a dar los resultados, el gobierno se dio cuenta de que tenía perdidas las elecciones. Ante esta realidad, le pidieron al Doctor Grisanti que cambiara los resultados y él con mucha serenidad, les contestó que podía renunciar pero que no haría lo que le pedían. El gobierno decidió entonces que terminarían de contar, para saber dónde estaba parados, pero dio orden de no transmitir más resultados y que sólo se los entregaran a ellos.

Jóvito Villalba salió huyendo y se asiló en la embajada de República Dominicana, ante el asombro del embajador de ese país, quien le preguntó al verle: - ¿Qué hace aquí si Ud. está ganando las elecciones? –a lo que él respondió: - *Ud. no sabe nada de esto... Romulón me metió en este lío...* Poco después, con un cheque en el bolsillo, salió de viaje.

Así el doctor Vicente Grisanti entregó los resultados con un 70% a favor de Jóvito Villalba acompañados de su renuncia. A los gobernantes se le presentó la gran disyuntiva de retornar al desastre con Jóvito Villalba a la cabeza y por detrás Rómulo Betancourt nuevamente, por lo cual decidieron cambiar los resultados y proclamar a *Marcos Pérez Jiménez* ganador de los comicios y Presidente Constitucional de la República hasta 1957.

Marcos Pérez Jiménez nació en Michelena, Táchira, Venezuela, el 25 de abril de 1914 y murió el 20 de septiembre del 2001, en el exilio, en Alcobendas, cerca de la ciudad de Madrid, España.

Se inició entonces un período de transformación del medio físico, un progreso descomunal, de orden y disciplina que hoy muchos recuerdan y anhelan. Promovió la inmigración europea, principalmente española, italiana y portuguesa. Impulsó un ambicioso programa de infraestructura, construyendo toda clase de obras públicas, avenidas, hospitales, colegios, liceos, universidades, carreteras, autopistas y hoteles en todas las principales ciudades del país, viviendas obreras, incluyendo la magna obra del Conjunto "2 DE DICIEMBRE", cuyo nombre sería irónicamente cambiado después, por el de "23 DE ENERO".

En 1955 la revista **Times** de Nueva York, describió en un artículo, la economía venezolana como **la más sólida del mundo**.

El Dr. Andrés Eloy Blanco Meaño, primo hermano de mi madre murió exilado en un lamentable accidente de tránsito en 1955, en la ciudad de México. Cuando entré a su velorio, mi mamá me llamó y me llevó al recibo de la casa donde lo estaban velando, en la urbanización Las Mercedes, Caracas; esta estaba completamente llena de gigantescas cajas que llegaban hasta el techo, todas estaban llenas de telegramas enviados por los negros de todas partes del mundo agradeciéndole **"Los angelitos negros"**.

Los militares se reunieron con Pérez Jiménez, le pedían un aumento de sueldo y más prestaciones, a lo cual éste les contestó que estaban bien pagados y que tenían muy buenas prestaciones y que él no podía crear una secta privilegiada formada por los militares.

Fin de la dictadura militar

En mayo de 1957 se reunió el alto mando militar con Pérez Jiménez, para hablar sobre la sucesión del gobierno que terminaba en diciembre de ese año. Plantearon hacer nuevas elecciones libres, las cuales, con la popularidad que tenía el régimen, estaban seguros de que ganarían. El presunto candidato del ejército fue *Oscar Mazzei Carta*, quien, para esos momentos, era ministro de la Defensa.

Pérez Jiménez respondió que lo iba a pensar y les contestaría. Mal aconsejado por Laureano Vallenilla Lanz, Pedro Estrada y Juan Domingo Perón, quienes le dijeron que se apoyara en las fuerzas civiles y no en los militares para así continuar mandando, Pérez Jiménez decidió hacer un plebiscito para que el pueblo dijera si le daban cinco años más.

Le sobró razón a los militares: en agosto de ese año se celebraban los Juegos Panamericanos en Caracas. Pérez Jiménez fue a la inauguración lanzando la primera pelota de béisbol y el estadio se vino abajo con una gran ovación, aplaudiéndolo, dándole toda clase de vivas.

En el ínterin, entre la inauguración y la clausura de los juegos, Pérez Jiménez anunció el plebiscito y cuando acudió a la clausura de los Juegos Panamericanos en su tribuna presidencial, el pueblo, ofendido y desilusionado por el plebiscito, iracundo, empezó a chiflarlo, apabullándolo de tal manera que tuvo que retirarse del estadio.

El 21 de noviembre se alzaron los estudiantes en contra del plebiscito. La manifestación fue reprimida por la Seguridad Nacional, cerrando la Universidad Central de Venezuela.

Los militares decidieron dejar correr el plebiscito para ver qué pasaba, y este terminó realizándose en diciembre de 1957. Pérez Jiménez perdió con margen de 70/30 y nuevamente cambió los resultados proclamándose electo por cinco años más.

El primero de enero de 1958, los militares, encabezados por el *General Hugo Trejo*, dieron un golpe de estado, pero la situación fue controlada por Pérez Jiménez. A este intento de golpe le siguieron varios levantamientos militares, algunos encabezados por el *General Castro León*, los cuales fueron también controlados por el gobierno. La masa del ejército estaba en contra del régimen. Cada ministro de defensa que nombraba se le volteaba, llegando al punto de que, poco antes del 23 de enero, se reservó para él el Ministerio de la Defensa. Es inconcebible como se mantuvo Pérez Jiménez íngrimo en el poder durante 23 días.

El 23 enero hubo una gran manifestación cívica contra él. En vez de reunirse con el alto mando militar y llegar a un acuerdo para dejar a alguien encargado de la presidencia que fuera respetado por el ejército y que convocara elecciones, decidió delegar la presidencia e irse por el aeropuerto de La Carlota a Santo Domingo.

Por supuesto alguien quedó encargado, pero este no fue respetado por los militares y empezó una larga y extenuante discusión para nombrar un sucesor, y como no lograron llegar a un acuerdo, por descarte nombraron a *Wolfgang Larrazábal*, quien era el militar de más alto rango pero que no había desempeñado ningún papel importante. Simplemente era el encargado del "Círculo Militar".

Larrazábal empezó con "buen pie", nombrando en la Junta de Gobierno a las personas más competentes en el campo industrial y comercial de Venezuela, tales como *Eugenio Mendoza* y *Blas Lamberti.* Pero como suele suceder cuando la cabeza está no funciona: nada funciona y se comete cualquier cantidad de desaciertos.

Lamentablemente, se suspendieron todas las obras que estaban contratadas por el simple hecho de ser "Peresjimenistas". Los 2.000 millones de dólares que estaban en las arcas del superávit, producto del último ejercicio de Pérez Jiménez, fueron despilfarrados en planes de emergencia absurdos, pagándole a la gente sin trabajar. Empezó la desmoralización del venezolano y una xenofobia espantosa, la persecución a los extranjeros y a todo el que trabajaba. Empezó el éxodo de capitales, en fin, un caos.

Algunas de las obras que no se ejecutaron son: 1000 grupos escolares en toda la nación, la Maternidad del Este, en la avenida Andrés Bello de Caracas donde hoy se encuentra el parque Arístides Rojas, el Hospital de Petare, el edificio rental de la Universidad Central de Venezuela, el túnel Altamiralos Corales, la carretera Guarenas-los Caracas, el plan ferroviario nacional y el aeropuerto internacional de Palo Negro, del cual ya se había hecho la pista; este último, Larrazábal se lo regaló a la Fuerza Aérea.

Los Peresjimenistas afirman que si se le hubieran otorgado a Pérez Jiménez los 5 años adicionales que pedía, la economía de Venezuela hubiese sido indestructible.

Wolfang Larrazábal empezó su campaña política desde el Gobierno con una gran popularidad, regalando dinero y zumbando besos. Convocó a elecciones libres para diciembre de ese mismo año y se lanzó como candidato, apoyado por el partido Unión Republicana Democrática (URD). Se retiró de la Presidencia de la Junta, quedando *el Dr. Edgar Sanabria* a la cabeza de ésta.

DICTADURA ADECO-COPEYANA

En diciembre de 1958 se realizaron unas nuevas elecciones en las cuales se disputaron la presidencia, Rómulo Betancourt por Acción Democrática, Wolfgang Larrazábal por URD y Rafael Caldera por COPEI, resultando ganador *Rómulo Betancourt.*

Se formó entonces un gobierno con la representación de URD y COPEI, de acuerdo con el **"Pacto de Punto Fijo"**, que habían firmado con anterioridad, para dividirse el gobierno, fuera quien fuera el que ganara, y que daría paso a la dictadura "ADECO-COPEYANA", que duraría 40 años.

Con la llegada de *Rómulo Betancourt* al poder por **segunda vez**, se inició una de las épocas más convulsionadas de la historia contemporánea de Venezuela. Este maquiavélico ser estaba dotado de un gran carisma y tenía una cara multifacética, por un lado, se declaraba anticomunista y por el otro soliviantaba y alimentaba las guerrillas urbanas y suburbanas, para chantajear mentalmente a todo el mundo, especialmente al ejército, diciéndoles que, si lo quitaban a él, vendría el comunismo...

Arremetió nuevamente con su plan socialista, pero esta vez con cautela, dada por la experiencia anterior en la que fue derrocado. Empezó subiéndoles los sueldos a todos los militares, comprándoles casas y dándoles toda clase de beneficios.

Aprobó una reforma agraria con la cual expropió haciendas en producción, pagando con "bonos de la deuda agraria" a sus propietarios y repartiendo las tierras a los campesinos; estos hicieron grandes fiestas y se comieron hasta a los padrotes. Se perdieron muchas fincas productivas, se acabó la producción agrícola y pecuaria y terminamos importando todo tipo de alimentos.

Estableció un nuevo sistema de control de prensa: "Puedes publicar lo que quieras, pero si no me gusta, te meto preso".

Asimismo, Rómulo Betancourt, como en su primer gobierno, elaboró la "Ley de Alquileres" que aprobó el 1ro. de agosto de 1960, exterminando nuevamente la construcción de viviendas. Se volvió una máquina de hacer decretos que mantuvo al país en una perenne zozobra. Con el buen humor de los venezolanos que todavía nos quedaba, se pedía que hiciera un decreto, decretando que no iba a hacer más decretos.

Igual que en su periodo anterior, hubo manifestaciones de toda clase, especialmente de los estudiantes comunistas; ellos, soliviantados por él, iban a la calle incendiando camiones y autobuses.

Rómulo Betancourt suspendió las garantías constitucionales en 1960 y éstas no fueron restituidas sino por Carlos Andrés Pérez en su segundo período, en los años 90. Luego Caldera las volvió a suspender en su segundo período.

Así se desarrollaron estos cinco años turbulentos, con varios intentos de derrocar al mandatario, pero siempre fue apoyado por aquellos que sucumbieron al chantaje del peligro de caer en el comunismo.

Hubo varios intentos de sus enemigos para eliminarlo; entre estos podemos destacar el carro bomba que le fue colocado el 24 de julio de 1960, en el cual solamente se le quemaron las manos. Irónicamente, Betancourt había manifestado justo antes: *"Que se me quemen las manos si he tocado el Erario Nacional"*.

Un experto en bombas la había diseñado estilo plato para que explotara horizontalmente. Cuando estaban instalando la bomba, le pusieron más dinamita de lo diseñado, para que Betancourt no se salvara. La bomba explotó entonces en forma de hongo, hacia arriba, y Betancourt se salvó. Sin embargo, murieron el que venía adelante y el que venía atrás de él.

Se dieron otros intentos de golpe de estado violentos durante los cuales hubo una gran cantidad de muertos: el *Porteñazo*, el *Carupanazo* y el *Barcelonazo*. En este último, por orden directa de Rómulo Betancourt, fueron asesinados por la espalda todos los soldados; implicados y rendidos.

Creó la OMPU, Oficina Metropolitana de Planeamiento Urbano, un monstruo que controlaba todas las construcciones, regulándolas; dejó construir solamente minúsculos edificios, lo que jamás ayudaría a la solución del problema de la vivienda. Con esto se agravó cada vez más la crisis habitacional del país, pues el crecimiento de la población era infinitamente mayor al de la construcción. Esta fue una oficina de chantaje y corrupción de toda clase; cambiaron las zonificaciones de manera que beneficiaran parcelas que ellos habían adquirido previamente.

En diciembre de 1960 el caos era total, con protestas callejeras de toda clase y los estudiantes incendiando autobuses. El gobierno se tambaleaba y fue nombrado *Tomás Enrique Carrillo Batalla*, como virtual primer ministro, él devaluó la moneda e hizo una gran cantidad de decretos, dando estímulos a la construcción para crear confianza, lo cual logró.

Betancourt, un político muy sagaz y astuto, negoció con los hermanos John y Robert Kennedy para que le entregaran a Pérez Jiménez para ponerlo preso a cambio de no seguir en su línea dura hacia el comunismo.

Pérez Jiménez le fue entregado con muchas condiciones que no se cumplieron. Estuvo 5 años (1963 al 1968) en la Cárcel Modelo, mientras se le seguía un prolongado juicio, donde no le pudieron comprobar nada y que terminó con una sentencia condenatoria por un período menor al que llevaba preso, por lo que salió en libertad y partió a Madrid.

En esos tiempos sobresalió algo espectacular: *Arturo Uslar Pietri* empezó un programa de

Televisión **"Valores Humanos"** diciéndole a la gente la verdad clara y simple. Con esto, él ganó una popularidad desmedida.

Uslar Pietri creó un movimiento político, el **"Frente Democrático Nacional"**, que con su símbolo de **"La Campana",** emergió como el gran triunfador; pero se produjo otro gran fraude electoral. Los adecos hicieron toda clase de trampas, Uslar Pietri perdió las elecciones en diciembre de 1963 y ganó el *Dr. Raúl Leoni.*

Un ejemplo de este fraude fue que, en una mesa electoral de la Iglesia de la Chiquinquirá, en la Urbanización La Florida de Caracas, toda una familia votó en masa por Arturo Uslar Pietri. Sin embargo, en el conteo en esa mesa, él sólo obtuvo 3 votos. Si eso fue ahí... ¿podrán ustedes imaginarse lo que pasó en Puerto Ayacucho, por ejemplo? Como el mismo Arturo expresara en una oportunidad: "¡Cómo me habrán robado votos...!"

Uslar Pietri cometió el gran desacierto de unirse al gobierno del Dr. Raúl Leoni y a COPEI para formar un "gobierno de ancha base", de donde salió aniquilado políticamente.

Con el gobierno del Dr. Raúl Leoni entró un gran respiro al país. A pesar de que no se restituyeron las garantías constitucionales, por lo que podemos considerarlo dictatorial, hizo lo que podríamos llamar el gobierno "menos malo" de esa época. Era un hombre tranquilo que dejó vivir a la gente y dejó de hacer decretos. Aunque las guerrillas continuaron, éstas se fueron debilitando pues ya no contaban con la ayuda ni el apoyo del gobierno. Hacia el año 1965, el congreso aprobó un montón de leyes que paralizaron la economía, pero fue por poco tiempo pues el país salió nuevamente adelante.

En esos tiempos Fidel Castro invadió a Venezuela por Machurucuto, el 8 de mayo de 1967. La situación fue controlada por el ejército.

Para las elecciones de 1968 se postuló *Miguel Ángel Burelli Rivas*, apoyado por Arturo Uslar Pietri, URD y el Sindicato de Trabajadores de Venezuela

En ese entonces, el partido Acción Democrática se dividió y lanzó 2 candidatos: *Gonzalo Barrios* y *Luis Beltrán Pietro*.

El *Dr. Rafael Caldera*, quien era candidato presidencial por el partido Copei, le propuso a *Miguel Ángel Capriles* que su cadena de prensa apoyara a su candidatura a cambio de varios curules en el congreso incluyéndolo a él en el senado. La cadena Capriles inició su campaña con su titular "La suerte está echada", "3 adecos se enfrentan a Caldera". Luego le pusieron el apodo del "tricocéfalo" a Miguel Ángel Burelli.

Las elecciones presidenciales fueron ganadas por Rafael Caldera, por muy poco margen, y el partido Acción Democrática se negó a reconocer su triunfo. Doña Menca de Leoni, esposa del presidente, le exigió a su esposo que reconociera la derrota y entregara el poder.

El Dr. Rafael Caldera se inició en su gobierno con una gran fiesta. Mucha gente veía al doctor Caldera, profesor universitario, como una persona seria y correcta. Lamentablemente él siguió los pasos de los adecos y el mismo desorden de los dos gobiernos anteriores.

Aunque pagaron justos por pecadores, hay que reconocerle su esfuerzo por la pacificación. Invadió la Universidad Central de Venezuela, la cual era un cuartel de guerrilleros y los desalojó a todos, para lo que tuvo que cerrarla por algún tiempo.

A los curules que le había entregado a Miguel Ángel Capriles y a sus allegados, se les exigía que votaran en el Congreso a favor de las propuestas del gobierno. Estos formaron el FIP, Fracción Independiente de Parlamentarios, lo cual ensoberbeció a Caldera.

Pero esto no iba a durar mucho tiempo, con Caldera en el poder, el diario "La Religión" publicó un artículo donde señalaba la compra de armamento por parte de Colombia quien reclamaba el Golfo de Venezuela. En este diario se advertía que Venezuela no tomaba ninguna previsión. Rápidamente Miguel Ángel Capriles también publicó el mencionado artículo, por lo que el gobierno inició una persecución contra el editor, terminando este asilado en la embajada de Nicaragua para luego lograr salir del país.

En ese entonces apareció otro fantasma que acaparó el descontento del pueblo: *Marcos Pérez Jiménez* quien volvía a la contienda. Esta vez democráticamente, postulándose para Senador por el partido político **Cruzada Cívica Nacionalista** en las elecciones de 1968, y a pesar del gran fraude, alcanzó la friolera de 400.000 votos saliendo electo Primer Senador de la república. Lamentablemente, en 1969, la Corte Suprema de Justicia invalidó su elección basándose en tecnicismos legales.

La Cruzada Cívica Nacionalista logró postularlo para la Presidencia de la República en los comicios de 1973. Conscientes de la popularidad de Pérez Jiménez y dado que en las encuestas ganaba fácilmente, los representantes de los partidos mayoritarios propusieron y aprobaron en el Congreso Nacional y en las asambleas legislativas de los estados, una enmienda constitucional destinada específicamente a inhabilitarlo políticamente mediante la aplicación retroactiva de una norma. Adicionalmente le dictaron un auto de detención. Ante tales circunstancias, Pérez Jiménez decidió retirarse de manera definitiva del escenario político venezolano, que es lo que sus adversarios estaban buscando.

En 1973 surgió Carlos Andrés Pérez, quien con su lema: ***"Democracia con energía"***, capitalizó los votos Peresjimenistas y se ganó a los votantes. No había quien se le opusiera; arrasó en las elecciones, tanto presidenciales como en las del congreso.

Luego, sin decirlo, cambió su lema por: ***"Democracia con persecución"***; pidió poderes especiales al congreso, el cual por supuesto se los otorgó e inició nuevamente un sistema dictatorial mandando por decreto.

Cometió toda clase de abusos de poder, cerrando negocios, persiguiendo a todo el que trabajaba; él y sus 12 apóstoles (sus 12 ministros) hacían y deshacían lo que les daba la gana y se dice que robaban a manga ancha. El caso del Sierra Nevada es el único por el cual fue juzgado y asombrosamente absuelto. El dato curioso es que los miembros del congreso se leyeron el libelo de 1300 páginas en 1 noche. ¿Creen que esto puede ser posible?

Regulaban los precios, muchas veces por debajo del costo del producto. Hasta las areperas tuvieron que cerrar. De 48 embotelladoras de refrescos quedaron seis, que pudieron subsistir a la regulación de 0.25 Bolívares por refresco. Todas las demás quebraron.

Tenían la industria y el comercio en jaque perdiendo dinero. Un caso muy importante fue el de la Venezolana de Cemento, donde tenían regulado el precio del cemento en Bs. 5,80 por saco; esto llevó a las fábricas de cemento a perder dinero. Premeditadamente, Carlos Andrés y sus 12 apóstoles, compraron acciones de estas compañías a precio de "gallina flaca". Al perder las elecciones en diciembre de 1978, sacaron un decreto elevando el precio del cemento a bolívares 14 por saco; con esto las acciones subieron descomunalmente y entonces ellos vendieron las acciones con grandes utilidades. Luego de vender, dijeron que había habido un error de imprenta en el precio, el cual verdaderamente sería de Bs. 12,40 por saco.

Durante esta época de opulencia, peculado y despilfarro, se eliminaron los subsidios a los colegios privados para el desayuno de los niños.

Venezuela siempre fue uno de los principales productores de café y cacao de primera calidad a nivel mundial. **Mucho del chocolate suizo se hacía con cacao venezolano.** Carlos Andrés creó el "Fondo de Café y Cacao", al cual todos los caficultores y cacaoteros estaban en la obligación de vender todas las cosechas, para que luego éste las comercializara. Pero como el Fondo no les pagaba o les pagaba una miseria, se dejó de sembrar y recoger las cosechas.

Carlos Andrés expropió las petroleras al "precio de libros" (precio de costo). No se necesita ser contable para saber que dicho precio, no se correspondía con ninguna realidad. Eran los costos a los cuales se adquirieron los bienes, algunos hasta 50 años atrás, cuando con un fuerte (5 bolívares viejos) se iba al mercado. No le bastó esto, sino que obligó a las petroleras a pagar las indemnizaciones a los trabajadores aún y cuando éstos seguían trabajando. Esto trajo una gran cantidad circulante a la calle con consecuente inflación y daño a la economía. Llegó al colmo de decidir que el edificio que sirvió de oficinas a la petrolera Shell era un bien de las concesiones y también fue expropiado al costo.

Empezó a "nacionalizar" todo lo que se le ocurría y le cambió el nombre a lo nacionalizado por palabras terminadas con la sílaba "ven" por Venezuela. Tanto fue así que el pueblo lo empezó a llamar "locovén".

Durante el gobierno de Carlos Andrés Pérez había una policía política: "Los Gatos". Era voz populi que mataban y hacían lo que les daba la gana. Entre sus muertos podemos contar a Ramón Carmona, un abogado muy conocido y cuyo caso retumbó en Caracas.

Otra famosa víctima de este régimen fue *Renny Ottolina,* un renombrado comunicador de la época quien gozaba de una gran popularidad, antes de lanzar su candidatura empezó a recolectar 100,000 firmas, las cuales si no las alcanzaba no se lanzaría, recolectó 140,000, las encuestas le daban una gran mayoría de la intención de voto, había formado ya su partido el MIN, Movimiento Integridad Nacionalista; iba a ser el próximo presidente de la República, Gonzalo Perez Hernandez, trató de continuar con el partido, pero sin Renny no fue posible.

Consta que el avión donde viajaba Ottolina cuando perdió la vida, había puesto gasolina en Maiquetía, pero hubo un *"misterioso accidente"*; poco tiempo después de haber despegado, el avión cayó sin gasolina. Muy curiosamente, *"Los Gatos"* fueron los primeros en llegar al lugar del siniestro, cosa jamás vista en ningún accidente aéreo, que la policía política llegue antes que las autoridades aeronáuticas y de las de rescate. *Los Gatos* retiraron todos los instrumentos y no dejaron que nadie se acercara a la avioneta.

¿Estaríamos en esta situación si Renny no hubiera sido asesinado?

Como ya he dicho antes, las garantías constitucionales jamás fueron restablecidas desde 1960, por lo que podemos insistir en que esto fue otra dictadura.

En una oportunidad, Carlos Andrés llegó a República Dominicana y en un mitin, con toda su desfachatez, les dijo: "No le deben nada a Venezuela" y les condonó una deuda de 70 millones de dólares, como si fuera dinero personal de él.

En uno de sus viajes a Arabia para entrevistarse con sus amigos de la OPEP, hizo una gran orgía donde los mismos árabes, acostumbrados a estas, se quedaron impávidos, a toda estas tenía el avión donde VIASA en el aeropuerto esperándolo, el presidente de VIASA le retiró el avión y le dijo que cuando necesitara al avión, se lo dejara saber y en cuatro horas lo tenía allá. Esto fue más que suficiente para la expropiación de la empresa.

Luis Herrera Campins, ante el descrédito del gobierno y de los adecos, triunfó en las elecciones de 1978. Era un personaje muy peculiar, perteneciente al partido COPEI, un señor que creía que él y sus amigos siempre tenían la razón. Continuó el despilfarro, el disparate y el atropello a los venezolanos, en fin, la dictadura.

Las garantías constitucionales continuaron suspendidas.

Le dio un fuerte apoyo militar y político, al gobierno comunista de Daniel Ortega y los Sandinistas, en Nicaragua.

Se hablaba persistentemente de construir una vía alterna al litoral. Luis Herrera, un neófito en la materia, decidió que la vía alterna era el ferrocarril. Lo más asombroso de todo esto es que no hubo quien le dijera el disparate que era esta idea y se procedió a elaborar un proyecto completo que aún reposa en los archivos. También mandó hacer un estudio y un proyecto para un puente hacia la isla de Margarita, el cual, por supuesto, tuvo la misma suerte.

El desbarajuste económico, incluyendo el del Banco Central, trajo como consecuencia el desplome de nuestra moneda. El 18 de febrero de 1983, llamado el **"viernes negro"**, esta fue devaluada brutalmente. A partir de esa fecha y aún hoy en día, seguimos viviendo la caída y devaluación de nuestra moneda. Ellos entonces, establecieron un estricto y nefasto **Régimen de Cambio Diferencial** "RECADI".

El *Dr. Jaime Lusinchi*, adeco, fue elegido por un alto margen del 57% para ocupar la presidencia de 1984 a 1989, pero quien gobernó realmente durante todo su período fue *Blanca Ibáñez*, su "secretaria privada".

El gobierno construyó la urbanización Juan Pablo II, violando todas las normas de zonificación que les aplicaban a los constructores privados y donde quedaron muchas dudas sobre su promoción y desarrollo.

Grandes gastos injustificados, el asalto al Erario Nacional, la continua depreciación de la moneda, el aumento de la inflación y la cotidianidad de la corrupción, resaltaron en su mandato.

A Lusinchi, tras abandonar el poder, se le acusó de corrupción administrativa de enormes proporciones, de tráfico de influencias en la concesión de privilegios a través de RECADI (Régimen de Cambios Diferenciales), de utilización de fondos del Ministerio de Relaciones Exteriores para adquirir 65 Jeeps para la campaña electoral de AD en 1988, del uso indebido de partidas del Instituto Nacional de Hipódromos y hasta de estar detrás de la campaña de cartas-bomba remitidas por manos anónimas a la Corte Suprema, con finalidad supuestamente intimidatoria.

En 1993, la Corte Suprema de Justicia dio luz verde para el procesamiento del ex presidente, quien, a raíz de esto, huyó a Costa Rica donde se reunió con Blanca Ibáñez.

Sin embargo, a pesar de todo esto, su mismo partido Acción Democrática (AD) ganó nuevamente las elecciones y Lusinchi le transmitió el mando a Carlos Andrés Pérez para su 2do. período.

Carlos Andrés Pérez, **segundo período**, el "Gocho para el 88". Algo inconcebible. Después de la torta que puso en su primer período, Carlos Andrés fue reelegido nuevamente. Esto es para el **"libro de Guinness"**.

Apareció entonces un nuevo Carlos Andrés, repotenciado y cambiado, que quería hacer las cosas aparentemente al contrario que antes.

A poco más de un mes de asumir la presidencia, como consecuencia de todo el desacierto con que había empezado, el pueblo se levantó en masa contra él y enardecido, se lanzó a las calles contra el gobierno o más bien contra el sistema, lo que se llamó el **"Caracazo"**. El pueblo fue aplastado y masacrado por el ejército, muchos fueron brutalmente asesinados en las calles.

Posteriormente, el 4 febrero de 1992, se alzó *Hugo Chávez* con sus secuaces. Intento de golpe de estado que fue controlado por Carlos Andrés.

En marzo de 1993, el fiscal general de la República, *Ramón Escobar Salom*, presentó ante la Corte Suprema de Justicia una acusación formal contra el presidente Pérez y dos de sus ministros, por malversación y peculado. En mayo del mismo año, el Congreso de la República autorizó el enjuiciamiento de Carlos Andrés Pérez y lo suspendió de sus funciones.

Tras un breve proceso, nombraron al presidente del Congreso Nacional, *Octavio Lepage*, Presidente Encargado. En julio del mismo año, el congreso eligió a *Ramón J. Velásquez* como Presidente Constitucional y en agosto se declaró la ausencia absoluta del presidente suspendido, Carlos Andrés Pérez, y se ratificó a Ramón J. Velásquez para terminar el período constitucional.

El 17 de mayo de 1995, después de 12 largos años, fue derogada La Ley de Régimen de Cambios Diferenciales, RECADI.

Durante este período, por fin se restablecieron las garantías constitucionales, las cuales fueron nuevamente suspendidas por el doctor Rafael Caldera, en el siguiente periodo.

Después del intento de golpe de Hugo Chávez, Rafael Caldera, que estaba muerto políticamente, le sacó filo a esta intentona aludiendo que todo era culpa de Carlos Andrés. Esto lo ayudó a llegar posteriormente a su segundo periodo presidencial.

Rafael Caldera se separó de COPEI y formó un nuevo movimiento llamado **Convergencia**, al cual se unieron algunos partidos pequeños formando lo que se llamó el **"Chiripero"**. Caldera llegó a la presidencia por un estrecho margen, en una reñida elección, con una abstención del 50%, y obtuvo solamente el 30% de los votos, seguido por Claudio Fermín 24%, Álvarez Paz 23% y Velásquez con 20%.

Es de hacer notar que, en Venezuela, con tan pequeña diferencia se gana una presidencia; debería haber una segunda vuelta electoral para los dos primeros, como en otros países.

Lamentablemente, ni los adecos, ni los copeyanos establecieron la **"doble vuelta electoral"** pues no les convenía. Así se pasaron la pelota de uno al otro. Esta fue una de las ofertas que hizo Hugo Chávez para ganarse los votos en su campaña electoral, pero después de que ganó no lo hizo, pues tampoco le convenía, ya que no iba a poder seguir mandando con una minoría.

Caldera volvió a suspender las garantías constitucionales que habían sido restituidas en el período anterior; envió al congreso el decreto derogatorio quien tenía 30 días para ratificar la suspensión. El congreso la negó, pero Caldera las volvió a suspender y le dijo al congreso que las seguiría suspendiendo cada 30 días y así hasta que quedaron suspendidas indefinidamente.

Estableció nuevamente un nefasto control de cambios.

Caldera nombró a Carlos Bernárdez Lozada, presidente del Fondo de Inversiones; él mantenía una guerra personal con el señor Orlando Castro, presidente del Banco Progreso.

Desde su puesto en el Fondo de Inversiones, con el apoyo de Caldera, Bernárdez le declaró la guerra al Banco Progreso; le retiró repentinamente, los depósitos de todas las entidades gubernamentales, dejándolo así fuera de compensación y expropió el banco.

Luego de esta marramuncia, apoyado por Caldera nuevamente, procedieron a aplicar la misma medicina a otros bancos, expropiándolos, creando como consecuencia un desastre bancario y una desconfianza de grandes magnitudes.

El descontento era generalizado. Los venezolanos se encontraban decepcionados de los partidos y de los políticos. Apareció entonces un nuevo o, mejor dicho, una nueva paracaidista: *Irene Sáez*, ex Miss Venezuela, una mujer increíble en todos los aspectos. Además de su belleza física, poseía otras cualidades; era inteligente, simpática, con una gran cancha y desenvuelta. Fue elegida alcaldesa de Chacao, un Municipio nuevo, donde no encontró absolutamente nada y formó un Municipio que todavía es modelo, no solamente para Venezuela sino para cualquier alcaldía del mundo.

Aunque no tenía ni oficina, ni una cuenta bancaria y ni una constitución del Municipio, empezó por arreglar el tráfico que era caótico en la zona. Contrató grúas para quitar todos los carros que estaban mal estacionados en las calles, empezó a delimitar los canales de tránsito, limpiar toda la circunscripción. Contrató una policía especial con unos carros negros impresionantes; los policías tenían que ser bachilleres y educados, infundían respeto y patrullaban las calles todo el tiempo. Prácticamente eliminó la delincuencia del Municipio.

Irene Sáez alcanzó el 70% en las encuestas de los venezolanos en su intención de voto para presidente de la República. Cuando Venezuela fue visitada por el entonces presidente de los Estados Unidos, señor Bill Clinton, Irene fue invitada como representante del próximo presidente de Venezuela.

Irene se manejaba muy bien, manteniendo su imagen de independiente. Lamentablemente empezó por formar un partido con sus hermanos, quienes la asesoraron políticamente, pero realmente sin tener ni la menor idea de lo que es la política de alto nivel. Hicieron un pacto con **La Causa R**, el partido de *Andrés Velázquez*, lo que causó una gran desilusión en todos los electores y la candidata cayó en las encuestas, del 70% a menos del 10%.

LA QUINTA REPÚBLICA

Hugo Rafael Chávez Frías nació en Sabaneta, estado Barinas, el 28 julio de 1954, donde realizó sus estudios de primaria y secundaria. En la academia militar de Venezuela, se graduó de subteniente. **En la Universidad de la Habana, Cuba, estudió ciencias políticas.**

El 4 febrero 1992 dio un golpe de estado fallido para derrocar al gobierno de Carlos Andrés Pérez. En ese entonces, él, quien se encontraba en casa de Cecilia Matos, rápidamente se trasladó al canal de televisión venezolano "Venevisión" y desde allí, empezó a transmitir lo que estaba pasando, logrando controlar la situación.

En este sangriento golpe, donde según cifras oficiales hubo 32 muertos y muchos heridos, sangre venezolana derramada, Chávez y sus compañeros fueron capturados y encarcelados.

Inexplicablemente, en marzo de 1994, Caldera indultó, sin haberles seguido un juicio, a estos flagrantes culpables de haberse alzado un contra el régimen establecido, los dejó libres **sin explicación ninguna**.

Chávez inmediatamente, al salir de la cárcel, viajó a La Habana, Cuba, donde fue recibido con grandes pompas y platillos por el propio dictador de la isla *Fidel Castro*; allí, en el aula magna de la Universidad de La Habana, Chávez dio un discurso manifestando abiertamente ideas comunistas y dictatoriales.

Fidel Castro estaba con su revolución en quiebra; después de la disolución de la Unión Soviética dejó de percibir los $6.000.000.000 anuales que este imperio le suministraba. Entonces planificó cómo llegar a los Petrodólares venezolanos a través de Chávez y empezó a adoctrinarlo y a formarlo como una pieza clave para la salvación de su revolución; le enseñó el camino para llevarlo a la presidencia a través de elecciones y para después llevar a cabo su revolución en la nación venezolana.

Cabe hacer notar que antes de llegar al poder, Fidel Castro iba para misa todos los días en la Sierra Maestra y siempre vendió su imagen con una persona de derecha; cuando estuvo en las Naciones Unidas, en New York, echó un impresionante discurso totalmente derechista.

En 1998, Chávez presentó su candidatura imitando a su mentor; con una cara totalmente distinta a la que había asomado durante las intentonas golpistas, vendiéndose como socialdemócrata, era como un corderito; prometió que iba acabar con la corrupción, con la delincuencia, que nunca iba expropiar nada, que iba respetar la propiedad y empresa privada, que habría libertad de prensa, etc.

Chávez también capitalizó la mayor parte de la popularidad que había perdido Irene Sáez.

En la carrera presidencial de 1998, las encuestas daban un empate técnico entre Chávez y Salas Römer y en tercer lugar estaba el candidato adeco, Luis Alfaro Ucero y de última, Irene Sáez.

Salas Römer se había mantenido independiente, no aceptando apoyo de ningún partido político, lo cual le daba ventaja. Sin embargo, el día antes de las elecciones, ante la posibilidad de la victoria de Hugo Chávez, sorpresivamente Acción Democrática y la mayoría de los otros partidos dieron su apoyo a Henrique Salas Römer y más sorpresivamente aún, él aceptó.

Los votantes se sintieron humillados y desilusionados, pues su voto no era transferible y votaron en masa por Hugo Chávez, lo cual le dio la victoria presidencial, quedando electo por cinco años. **Pero no ganó el Congreso Nacional, ni las gobernaciones, ni las alcaldías, ni las juntas comunales, ni la Asamblea Legislativa, que quedaron en manos de la oposición.**

Después de tomar el gobierno, Chávez empezó a enviarle 60.000 barriles de petróleo a Cuba. En su primer año de gobierno cerraron 6.000 pequeñas y medianas industrias.

Nombró a su compañero de tropa, el General Urdaneta, presidente de la DISIP, quien la reorganizó totalmente. Luego de un año, Urdaneta fue a hablar con Chávez y le presentó un plan para acabar con la delincuencia; *Chávez le contestó que su plan era político y no hizo nada.*

En octubre del año 2000, en un programa de "Aló Presidente", invitó a Fidel Castro y dio un gran discurso en el Campo de Carabobo, haciendo toda clase de elogios, tanto a Fidel como la revolución cubana.

Chávez planteó **"Modificar la Constitución"**. Para esto, propuso un referéndum para modificarla, **el cual increíblemente fue aprobado por el Congreso Nacional, que pertenecía a la oposición**. A pesar de que en Venezuela ha habido 26 constituyentes, que nunca habían resuelto nada, se propuso esta que fue la número 27.

Para la elección de los miembros de la asamblea constituyente, para cambiar la constitución, **increíblemente la oposición no lanzó candidatos**; Chávez ganó la gran mayoría en la Asamblea, 127 asambleístas chavistas y 4 independientes. Este referéndum fue el 25 de abril de 1999.

Esta Asamblea Constituyente se autonombró "Original", **disolvió el congreso y elaboró una nueva Constitución Nacional a su medida. Para esto no era que había sido propuesto el referéndum**. En ella, los chavistas incluyeron la propuesta de cambiar el nombre de Venezuela por "República Bolivariana de Venezuela" y de extender el período presidencial a seis años con la posibilidad de una reelección y removible a la mitad del periodo.

En diciembre de 1999, cuando se iban a realizar las elecciones para aprobar la nueva constitución vía referéndum, empezó a llover despiadadamente en todo el valle de Caracas y en la montaña de "El Ávila". Varios geólogos advirtieron al gobierno de la desgracia que se avecinaba; Ignacio Luis Arcaya fue quien avisó directamente a Chávez y le pidió detener las elecciones. Chávez dijo que las elecciones debían seguir adelante y sucedió la **"Tragedia de Vargas"** el descomunal deslave del Ávila hacia el litoral central y hacia Caracas, donde las cifras oficiales hablan de un número de muertes menor a 10.000, pero que extraoficialmente, se cree que fueron casi 100.000 muertos (se importaron 80.000 bolsas para cadáveres que no alcanzaron).

En el medio de esta desgracia, Chávez, en un arranque de orgullo nacionalista, decidió rechazar la ayuda de los norteamericanos; ellos habían mandado unos barcos anti-contingencias a solicitud del ministro de la Defensa y estos venían de socorrer a Honduras del huracán Mitch. El plan de estos contingentes de auxilio era de canalizar todas las vertientes de agua del litoral hasta el mar y hacer una autopista desde "Mamo" a "Los Caracas".

Luego de pocos meses, Chávez hizo **otra elección más para "La legitimación de poderes"**. Mientras todo el mundo se ocupaba de la reelección presidencial, las que ganaba fácilmente Chávez, él, utilizando máquinas electorales **"Indra"**, hizo un gran fraude y tomó control de la mayor parte de los poderes; la Asamblea, las Gobernaciones, las Alcaldías, las Asambleas Legislativas y las Juntas Comunales, quedaron en su mayoría, controladas por el oficialismo.

Chávez había nombrado comisiones extranjeras para supervisar las elecciones; estas estaban representadas por *Jimmy Carter*, de extrema izquierda y *César Gaviria*, ex presidente de la Organización de Estados Americanos, que la historia demostró también su tendencia izquierdista. Ambos apoyaron los resultados de esas elecciones.

La nueva constitución fue aprobada y se procedió a convocar a elecciones presidenciales. Hugo Chávez Frías se lanzó para su reelección y Francisco Arias Cárdenas, militar excompañero de armas e ideas del presidente fue su contendiente. Después de eso y hasta hoy en día, este personaje ha demostrado ampliamente que, en realidad, siempre fue un simpatizante de Chávez y su revolución.

Chávez ganó otra vez con un poco más de un millón de votos, según resultado oficial, para un nuevo período presidencial de 6 años (2000-2006).

En el 2001 Chávez quería modificar la ley de educación, a la cual el pueblo respondió una gigantesca marcha con el lema: "A nuestros hijos no los tocas"

En el 2002 Chávez tenía la mirada fija en PDVSA, la petrolera estatal. Destituyó a la plana mayor de la directiva el 9 de abril del 2002 y nombró personal asiduo a él. Los empleados de la petrolera se pusieron en huelga y el 11 de abril de 2002, hicieron una gran manifestación con el apoyo de la oposición. Esta salió del parque del Este hacia la sede de PDVSA en Chuao; fue una de las más grandes jamás conocidas. Aproximadamente un millón de venezolanos estaban allí y quienes no, seguían sus pasos a través de todos los canales de televisión.

Una vez en la sede de PDVSA, en Chuao, se decidió otro destino: **El Palacio de Miraflores**, con el objetivo de pedir la renuncia del presidente. **Chávez ordenó aplicar el "Plan Ávila"** (disparar a matar) para no dejar que sus opositores llegaran a Miraflores por ningún concepto, pero el ejército se negó a ejercer la fuerza contra los civiles.

Desde **"Puente Llaguno"**, asiduos al gobierno dispararon contra los manifestantes. Los que estaban en sus casas morían de angustia por sus hijos, padres, hermanos y amigos que participaban en la manifestación mientras que Chávez salía en cadena nacional. Los canales de televisión decidieron entonces dividir las pantallas y de un lado los venezolanos veían a Chávez y del otro, al horror que se vivía en las calles de Caracas.

Fueron decenas los muertos y los heridos, y tal hecho conllevó a la fuerte indignación del ejército, **cuyo alto mando, comandado por el *General Lucas Rincón*, solicitó a Chávez la renuncia, quien aceptó.**

~~Ante los hechos~~

Yo, Hugo Cháez Frías, C.I. 4258228,
ante los hechos acaecidos en ~~base el~~
país durante los últimos días, y
~~_____\~~ consciente ~~de~~ ~~que he sido~~
depuesto de la presidencia de la República Bolivariana ~~de~~
~~_____; y _____ que ___~~
~~Venezuela~~, declaro que abandono
~~abandono~~ el cargo ~~de Presidente~~
~~la República Bolivariana de Venezuela~~
para el que fui electo legítimamente
por el pueblo ~~__~~ venezolano y que
he ejercido desde el 2 de febrero
de 1999.

Igualmente declaro que he removido de
su cargo, ante la evidencia de los
acontecimientos, al Vicepresidente Ejecutivo,
~~_____~~ Ing. Diosdado Cabello Rondón.

En lo sucesivo, a los 13 días al
mes de abril de 2002.-

¡¡ Por siempre !!

Hugo Cháez Frías

En lugar de seguir las pautas legales y nombrar al vicepresidente *Diosdado Cabello,* para que asumiera el cargo de la Presidencia de la República, y quien en cuyo caso, tendría que convocar a nuevas elecciones en 30 días, nombraron a *Pedro Carmona*, conocido empresario, quien, apoyado por el ejército, empezó a mandar por decreto y cometió toda clase de desaciertos. Uno de éstos fue disolver la Asamblea.

Como los partidos políticos no habían sido llamados a formar parte del gobierno, armaron una gran algarabía de protestas en Caracas. Entre ellos, *Teodoro Petkoff* gritaba por la prensa que había un golpe de estado. Entonces el *General Raúl Baduel* se volteó en contra del nuevo gobierno, terminando por dividirse el ejército.

Después de esto nombraron a *Diosdado Cabello*, Presidente Provisional, como correspondía; como se dijo, él tenía un mes para convocar a nuevas elecciones de acuerdo a la Constitución, pero esto no sucedió así; sin ninguna ley ni potestad que lo autorizara para ello, Diosdado Cabello, aduciendo que no había renunciado, nombró nuevamente a Chávez presidente. La mayoría de los venezolanos quedó desconsolada, **ilegalmente Chávez asumió la presidencia.**

La oposición se empezó a organizar; manifestaciones tras manifestaciones, cacerolazos y más cacerolazos. Muchos militares se fueron a la plaza "Francia", ubicada en la urbanización Altamira, al este de la ciudad capital.

El 2 de diciembre del 2002, apoyado por la oposición y la Confederación Nacional de Trabajadores (CTV) y PDVSA, se inició un paro general que se prolongó por casi tres meses.

Es difícil describir lo que se luchó en Venezuela durante este paro. Había una gran escasez de todos los productos en general, la gente estaba sin trabajar o sin poder hacer nada; haciendo colas para todo, para comprar comida, poner gasolina o comprar una bombona de gas y con las interminables noticias por la televisión. Todo con la esperanza de salir de Chávez. Los venezolanos lucharon y lucharon, pero más pudo Chávez que aguantó y resistió hasta que ganó. Dominó la huelga con una calma estoica.

Chávez, asesorado por la División de Inteligencia Militar y la DISIP, quienes sabían del descontento de los militares de alto rango, tomó la decisión de destituir a muchos de ellos y de quitarle los cargos a otros, dejándolos casi sin responsabilidades, hasta que les tocara la baja militar. Incluso enjuiciaron a altos oficiales por traición a la patria. El presidente aplicó una fuerte discriminación, negándoles el ascenso a los que les correspondía y ascendiendo a los que le eran afines. Así el gobierno quedó apoyado por un ejército que le era leal.

Los pistoleros de Puente Llaguno, que dispararon contra la gente inocente de la marcha del 11 de abril del 2002, fueron absueltos y condecorados, y gran parte de los policías que defendieron a los inocentes, se encuentran todavía presos o exilados.

La nueva constitución da la oportunidad de revocar a cualquier funcionario público de alta categoría, incluyendo al presidente de la República, si esto es solicitado con un porcentaje determinado de votantes después de la mitad del período para el cual fueron electos.

Cumplido este lapso se recogieron muchas más firmas de las necesarias para revocar al presidente Hugo Chávez, pero empezó el guaraleo del Consejo Nacional Electoral (CNE), que, para darle largas al asunto, dijo que había que recoger las firmas nuevamente. Y así fue por tres veces para ganar tiempo; hasta que por fin no le quedó más remedio al gobierno que permitir el revocatorio, mediante el cual **Chávez fue revocado por el 70 % de los sufragios.**

Chávez, utilizando unas nuevas máquinas italianas, "**SMARMATIC**", con el apoyo del CNE y con *Francisco Carrasquero* y *Jorge Rodríguez* al mando, al igual que *Marcos Pérez Jiménez* en 1952 y 1957, invirtió los resultados del referéndum.

En una oportunidad en que la Corte Suprema emitió un juicio que **no** le era favorable a Chávez, éste, en un discurso televisado, les dijo a los magistrados textualmente de "plasta" (excremento) para abajo. Luego los citó a uno por uno y puso la Corte Suprema de su lado.

En eso empezó su carrera armamentista, comprando 100.000 fusiles a Rusia y haciendo un pacto con ese país para montar una fábrica de armas en Venezuela. Asimismo, compró barcos, goletas, aviones, helicópteros y submarinos de guerra. Es inimaginable el gran parque de armas que posee Venezuela hoy en día.

En ese tiempo, los venezolanos quedamos altamente sorprendidos ante un brutal desalojo de tribus indígenas en la cuenca del Caroní; tiempo después nos enteramos de que dichas tierras habían sido entregadas a los iraníes para explotar el uranio de esas tierras, uranio muy bueno para fabricar bombas atómicas, que empezó a salir libremente de Venezuela por el río Orinoco, directo a Irán.

Los iraníes deforestaron las cuencas de Caroní, disminuyendo así fuertemente las lluvias en el sector, con su consecuente pérdida de caudal de agua para la represa del Guri y la deficiencia de producción de electricidad de la misma.

Los iraníes llegaban al Aeropuerto de Maiquetía, sin pasar por inmigración y aduanas.

El mundo y muy especialmente los Estados Unidos, se quedaron impávidos comprándole su petróleo a Venezuela, mientras Chávez se armaba hasta los dientes con fusiles rusos, barcos de guerra españoles, aviones y helicópteros de guerra brasileros, para imponer su revolución en toda Latinoamérica. Al igual que Europa con Hitler, en la década de los años 30...

John F. Kennedy, presidente de los Estados Unidos, en octubre de 1962, se había arriesgado a una guerra nuclear para evitar que Cuba instalara misiles nucleares en su tierra.

En Colombia se encontraron armas de las Fuerzas Armadas Venezolanas en manos de las guerrillas, en Ecuador, Chávez apoyó a Rafael Correa, en Bolivia a Evo Morales y en Argentina a los Kirchner, a quien le llevaron cientos de miles de dólares en maletas, y, por último, nada menos que a Daniel Ortega en Nicaragua.

En Honduras, cuando fue depuesto el presidente Zelaya por querer hacer un referéndum igual al de Chávez, para quedarse en la presidencia, encontraron aviones venezolanos con máquinas electorales y con las cajas ya llenas con votos dándole ventaja a Zelaya.

Con muchos países de las Antillas, Chávez firmó un pacto: **"Petrocaribe"**, vendiéndoles el petróleo con grandes descuentos y con plazos jamás vistos en ninguna operación comercial en el mundo, al 2% de interés por 20 Años, con esto logró un apoyo internacional e incondicional de estos países a su gobierno.

Todo esto fue financiado con los dólares que genera la industria petrolera: **"petrodólares"**, que el gobierno obtenía de la venta de petróleo a USA y a través de la filial de PDVSA: "CITGO"

Cuando se hicieron las elecciones parlamentarias en el 2005, la oposición, por no tener confianza en el CNE, no presentó candidatos a la Asamblea, siendo entonces electos solamente los representantes del gobierno, quedando estos con la mayoría absoluta. En el año 2006, cuando finalmente se terminaba el primer período de su mandato, hizo elecciones presidenciales, otra vez con las ya *nombradas máquinas **Smarmátic**. Su oponente en esta oportunidad* fue *Manuel Rosales,* quien contaba con el apoyo de los principales partidos de la oposición.

Un gran logro de la oposición en estas elecciones fue poder llegar a tener un candidato único, cosa que no fue nada fácil. La oposición piensa que hubo fraude en los escrutinios, pero esto no se pudo demostrar y a pesar de las grandes dudas sobre la legitimidad de los resultados, Rosales terminó aceptando su derrota y Hugo Chávez fue reelecto para 6 años más.

En ese entonces, el 42% de la población estaba en pobreza crítica y la inseguridad seguía creciendo día a día. En el año 2009 nada más, murieron más de 16.000 personas en manos del hampa común, más los secuestros, asaltos y demás. Los hospitales y escuelas se encontraban totalmente desabastecidos.

En el año 2009, el gobierno hizo un referéndum para una reforma constitucional, con el fin de imponer una constitución parecida a la de Cuba, la cual el pueblo rechazó abrumadoramente. No contó con la fuerza de los estudiantes universitarios, quienes se organizaron a lo largo y ancho del territorio nacional en un operativo sin precedentes en la historia venezolana, a fin de evitar, en la medida de lo posible, un fraude electoral. Fue increíble la gran capacidad e inteligencia de estos jóvenes de todos los sectores sociales del país.

Lo primero que hicieron fue correr la voz de **no salir a votar temprano**. De esta forma, los primeros resultados de los sondeos a pie de urna daban la victoria al "sí" (que los electores sí querían la enmienda). Cabe hacer notar que, en encuestas realizadas, 92% de los venezolanos rechazaba el sistema castro comunista.

A eso de las 2:00 de la tarde salió uno de sus líderes diciendo: **"Ahora sí, vamos a votar"**. Miles de jóvenes se volcaron a las calles no sólo a votar sino a incentivar a la gente a hacer lo mismo, de casa en casa, intercomunicador por intercomunicador o con altavoces por las calles llamaron a la gente a votar.

Al cerrar las urnas electorales, ya estaban preparados para el siguiente paso. En moto, bicicleta o a pie, recogieron copias de las actas electorales de prácticamente todos los centros electorales del territorio nacional, y en secreto realizaron sus propios escrutinios.

Cuando el CNE estaba a punto de anunciar sus resultados, con su victoria, los jóvenes, con los comprobantes de las máquinas electorales en mano, se presentaron en el CNE, al igual que los principales partidos de oposición, donde las cámaras de televisión esperaban los resultados de dicho organismo. Era tal la diferencia a favor del "no", que el CNE tuvo que aceptar los resultados y el ejército fue a afrontar a Chávez, quien no tuvo más remedio que aceptar su derrota, pírrica según él, reconociendo solamente una pequeña diferencia de 51/49, sin que jamás se haya publicado los resultados definitivos.

Las leyes que contenía esta reforma constitucional rechazada por el pueblo fueron después aprobadas por decretos.

El gobierno soliviantó al pueblo para la invasión de edificios residenciales y haciendas en toda Venezuela.

Elecciones de septiembre 2010

El CNE, por instrucciones de Chávez, modificó los **"Circuitos Electorales"** de manera que, en las zonas donde él consideraba que tenía más votos, puso la mayor cantidad de asambleístas. Con sus máquinas Smartmatic y con los votos "virtuales", más de 3 millones de personas que no existían o que habían muerto, le garantizó un buen volumen de votos en estos municipios y el control de la Asamblea. **Hubo un 35% de abstención, la mayor parte de la oposición.** Es inconcebiblemente la gran cantidad de estos que no votaron, algunos por miedo y otros por estupidez y desidia.

Según las cifras oficiales, **a pesar de todas las trampas y fraudes, la oposición ganó con un 51,1 % de los votos, pero sacó únicamente 67 diputados, (40,61%).**

El partido PSUV, los comunistas y los votos virtuales, unidos con el 48,9 % de los votos, obtuvieron 98 diputados (60,39%). A pesar de todo esto, Chávez no logró las 2/3 partes necesarias para aprobar leyes orgánicas.

El *General Henry Rangel Silva* declaró que, si la oposición ganaba las elecciones en el 2012, éstas no serían respetadas por el ejército ya que éste "está casado con la Revolución Bolivariana de Chávez". Esto fue suficiente mérito para ser ascendido a General en Jefe de las Fuerzas Armadas venezolanas.

En vista de no haber obtenido las 2/3 partes de la asamblea, el 18 de diciembre del 2010, Chávez pidió a la Asamblea que le diera plenos poderes para gobernar por decreto por un período de año y medio, lo cual le fue otorgado.

Con ayuda de la asamblea saliente, se las arregló para anular a la "democráticamente electa" nueva asamblea a instalarse en enero del 2011, pues al no lograr el 66%, Chávez hubiera necesitado "pedir permiso" para aprobar sus leyes. Se aprobó en tiempo récord gran cantidad de leyes que lo ayudaron en su proyecto totalitario.

Con esto Chávez continuó su carrera armamentística y compró 100 tanquetas y ametralladoras creando así un enorme ejército para amedrentar a los ciudadanos.

Elecciones de 2012

En el año 2012 hubo que celebrarse elecciones presidenciales, las cuales Chávez evitó a toda costa, teniéndolas que hacer casi que obligado, el 7 de octubre de 2012.

El candidato de la oposición, *Henrique Capriles*, democráticamente elegido en primarias, ganó las elecciones, pero el gobierno no reconoció los resultados. **Capriles, a pesar de que estaba en conocimiento del fraude cometido y sin haberse terminado de contar los votos, inexplicablemente aquel 7 de octubre, declaró que había perdido las elecciones.**

La derrota En opinión del autor, jamás el opositor ha debido aceptar; él debió pedir el reconteo e impugnar las elecciones y morir con esa consigna para siempre; aunque los sátrapas del CNE, jamás hubieran hecho caso a este reclamo, hubiera quedado claro ante la humanidad, nacional e internacional.

Chávez, gravemente enfermo de cáncer, nombró su sucesor a *Nicolás Maduro*; en diciembre del 2012 murió el mandatario, sin embargo, en enero del

2013, el gobierno declaró ausencia temporal y los chavistas nombraron al vicepresidente Maduro, encargado de la presidencia. No fue sino hasta el 5 de marzo del 2013, en que declararon oficialmente la muerte de Chávez.

A su muerte nos deja estos escalofriantes legados, son cifras reales del 1999 al 2013, que todos los venezolanos y residentes en el país debemos conocer.

Ojo: esto está tomado de estadísticas, entiéndase que cuando dice 'hoy' se refiere al "año 2013"

Cuando llegó Chávez en 1999 existían 16 MINISTERIOS al 2013 ya eran 36, se incrementó 125% son 2.300.00 se incrementó en 155%.

En 1999, sin control cambiario, la TASA DE CAMBIO en bolívares de los anteriores (no fuertes) era de Bs. 573,86 por Dólar y en el 2013 con control cambiario, el precio CADIVI es de Bs. 6300 por dólar 6300 (bolívares de los anteriores), una devaluación del 997,83%. Sin contar el precio de la subasta y ni hablar precio del dólar paralelo o negro.

En 1999, el PRECIO DEL PETRÓLEO $10,57 el barril, en el 2013 es dólares/barril 109,45; el precio es de 935,48% mayor.

En 1999 la PRODUCCIÓN PETROLERA en millones de barriles por día era 3480, en el 2013 estaba en MMB/d 2357 lo que representa 32,27 % menos

En 1999 la EXPORTACIÓN PETROLERA era MMB/d 3000, en los últimos años está en MMB/d 2200 lo que representa 26.67% menos

En 1999 LA NOMINA PDVSA tenía 40.000 empleados, en el 2013 tenía 120.000 es decir la nómina se incrementó en 300%

En 1999 cada trabajador de PDVSA producía 87.000 barriles diarios, ahora cada uno de los trabajadores de PDVSA producen 19.641,67 barriles diarios. Lo que indica que la PRODUCTIVIDAD de los trabajadores de PDVSA disminuyo en 342,94%

En 1999 la DEUDA FINANCIERA DE PDVSA era MMUS$ 6.000 hoy está por MMUS$ 40.026, es decir se incrementó en 567,10%

En 1999 la DEUDA INTERNA era de MMBs 2534, hoy está por MMBs 216.018 es decir se incrementó en 8.424,78%

En 1999 la DEUDA EXTERNA era de MMUS$ 39,911, hoy está por MMUS$ 104.481 es decir se incrementó en 161,78%

En 1999 el número de HOMICIDIOS alcanzó a 4500 personas, el 2012 alcanzó a 21.692 personas, es decir se ha incrementado en 382%

22.500 inmuebles han sido invadidos a nivel nacional desde 1999 a septiembre 2012

El gobierno nacional ha intervenido más de 600 fincas (2,5 millones de hectáreas).

El gobierno ha gastado más de 14 mil millones de dólares en COMPRAS DE ARMAMENTO de guerra. Venezuela pasó de ser el importador número 46 del mundo a la posición número 15, lo que según el Instituto Stockholm International Peac Research

Institute (Sipri), es un aumento en sus importaciones del 555%, gracias en parte a acuerdos con Rusia.

El bolívar "fuerte" ha perdido 46,5% de su poder adquisitivo sólo en lo que va del 2013.

La inflación acumulada durante los 14 años de Chávez es de 933%.

El gobierno tiene un latifundio mediático de 731 medios de comunicación.

9 millones de venezolanos están en situación de pobreza, y de ellos, en la Venezuela revolucionaria, 3 millones se acuestan con el estómago vacío.

En el Ministerio de Educación hay 150 mil profesores en situación de contratados.

Desde 1999 hasta 2012, se fueron al exterior 7000 médicos venezolanos y 9 mil científicos.

El 80% de nuestras exportaciones petroleras van a USA, destino favorito: el IMPERIO, que paga de contado.

En Venezuela hay 300 especies de animales están en amenaza de extinción.

De cada 100 dólares que entran al país, 94 provienen de las exportaciones petroleras.

La CTV informó que hay más de 400 contratos colectivos vencidos en la administración pública.

Existe 1.000.000 de personas infectadas por el mal de Chagas; retornaron la malaria, el sarampión y otras que se controlaban con vacunas.

Según la encuestadora "DATOS", el ingreso real de los estratos D y E refleja una caída de 14% y 13%.

La regaladera de dinero a otros países supera los 60 mil millones de dólares.

El 97% de los delitos cometidos en el país quedan impunes.

Las denuncias sobre intento de magnicidio pasan de 50 Y DE NINGUNA HA PODIDO PRESENTAR PRUEBAS.

El gobierno debe cerca de 12 mil millones de dólares por la estatización de empresas; sólo ha cancelado el 7% del total estatizado, sin posibilidades que pague, a sus legítimos propietarios, el resto.

En Venezuela el 70% de los jóvenes de la educación pública no se gradúan de bachiller y no ven materias como química, física, matemáticas e inglés, por déficit de profesores; los estudiantes aprueban estas materias por promedio con las otras materias aprobadas.

En 1999 Venezuela importaba el 1% de su consumo de carne y ahora importamos el 59%.

El ganado nacional estaba en 16 millones cabezas; en 2012 el rebaño nacional estaba en 12 millones.

En 2006 la producción de café registró un máximo de 1,57 millones de quintales; para el 2009 cayó a 850 mil quintales.

Venezuela, de ser un país con una historia exportadora de café de 230 años, cayó en los peores lugares; en el año 1998, Venezuela exportaba 388 mil quintales de café; ya en el 2009 llegamos a cero. Pasamos de ser exportadores de café a importadores con el 80% de la demanda que viene de Nicaragua, Brasil y El Salvador. El total de alimentos importados alcanza el 70%, es decir tenemos una economía de puertos

En el caso del café, el INE señala que se compraron en el exterior 366.110 quintales, equivalentes a sacos de 46 kilos cada uno. Las importaciones del rubro en el primer semestre costaron más de 84,05 millones de dólares, un aumento de 18,35% con relación a 71,01 millones de dólares pagados en el primer semestre de 2011 por 371.884,64 quintales.

El Instituto Nacional de Estadística indicó que las importaciones de azúcar aumentaron 110,60% al pasar de 56,93 millones de dólares en el primer semestre de 2011 a 119,9 millones de dólares facturados en compras externas entre enero y junio de este 2012.

Los apagones y cortes eléctricos programados mantienen a oscuras el 60% del territorio nacional. Desde enero de 2009 fue declarada la crisis eléctrica; han pasado 4 años y seguimos en la crisis.

En la administración pública ocupan cargos de alto nivel 2200 militares y aproximadamente 3000 más en cargos medios y bajos.

En el país existen 15 millones de armas circulando sin ningún control.

En las cárceles del país (34 recintos penitenciarios) hay 12 mil camas y existen 45.000 reclusos. Los penales están dirigidos por reclusos llamados PRANES, quienes controlan las armas de guerra, comida, agua, licores y drogas. 560 personas muertas y 1.457 heridas se registraron en las 34 prisiones durante 2011. Por 45.000 internos que hay, esas 560 personas fallecidas representan 124,4 por cada 10.000 reclusos.

Las 34 cárceles del país albergan a 45.000 presos, aunque fueron construidas para no más de 12.000 personas. Esto representa un hacinamiento de 275%; el 80% está en proceso (espera de una sentencia que diga si es culpable o inocente) y el 20% está penados con una sentencia definitiva

Fuera del sistema educativo se encuentran 4 millones de niños.

El 98% del financiamiento para el sector agrícola lo hace el sector privado y el sector público tan sólo atiende el 2%. racionalmente, la verdad de las cosas.

Nicolás Maduro

El 14 de abril del 2013, fueron las elecciones nuevamente; el CNE declaró ganador a Maduro, pero esta vez *Capriles* sí anunció que no reconocía los resultados y que había que abrir las cajas donde estaban contenidos los votos para contarlos manualmente. El CNE pidió un tiempo determinado para tomar una decisión y *después de varios meses, sus directivos declararon que habían decidido no hacer el conteo.*

Empezaron las manifestaciones y las guarimbas en el interior del país, pero sobre todo en Mérida y Táchira. *Leopoldo López* convocó a una manifestación a nivel nacional para el **12 de febrero del 2014**, por el día de la juventud; protesta que dejó un saldo de 43 muertos, muchos heridos y centenares detenidos,

Le dictaron auto de detención a *Leopoldo López* y lo culparon de las 43 muertes. El 18 de febrero, la oposición convocó nuevamente a una gran marcha, donde Leopoldo López inocentemente se entregó…

Las deudas que tiene el gobierno son impagables y este, en vez de declararse en quiebra y ajustarse el cinturón rebajando los descomunales gastos del aparato burocrático del gobierno, decidió someter al pueblo a una cruel y brutal desabastecimiento, jamás visto en Venezuela, con la restricción del suministro de divisas para el comercio y la industria, sin embargo, continúan enviándole 100 mil barriles de petróleo a Cuba gratis.

En el año 2015 tocó hacer las elecciones parlamentarias, el gobierno hizo toda clase de marramuncias y guaraleos para no hacerlo, pero finalmente se vio obligado a hacerlas en diciembre de ese año.

Las elecciones las perdió el gobierno descomunalmente, y decidió hacer el fraude que tenían planeado, cambiando los resultados; pero el ejército, dirigido por *Vladimir Padrino López* se opuso *alegando que no se iba a comprometer al ejército en ese gran fraude,* no quedando más remedio al ejecutivo, que aceptar los resultados, dándole el triunfo a la oposición.

Sin embargo, EL TSJ inhabilitó injustamente a varios diputados a la asamblea, a fin de que esta no tuviese las 2/3 partes y quitarle la mayoría absoluta.

Rápidamente, Maduro nombró a dedo, con la asamblea saliente saltándose todos los periodos legales nombran, un nuevo Tribunal Supremo de Justicia,

La Asamblea Nacional se instaló, se creyó que tenía a Dios agarrado por las barbas, con aires de grandeza, empezó a sacar los cuadros de Chávez grotescamente del palacio legislativo, lo único que le faltó fue quemarlos en una plaza pública como los libros de Pitigrilli en la plaza de Garibaldi.

Luego declararon una guerra abierta al gobierno y empezaron a hacer toda clase de leyes aceleradamente; todas estas fueron declaradas ilegales por los enfurecidos del **ilegítimo** Tribunal Supremo de Justicia, con lo que empezó la Guerra entre el ejecutivo y la nueva asamblea.

En el **año 2016** se vencieron los lapsos para el pago del servicio de la deuda externa; lo primero que hicieron los del equipo de gobierno, fue negociar con los chinos para pagar únicamente intereses sin abonar al capital como estaba convenido; los chinos accededieron a darle al régimen un período de gracia hasta 2018. Aparte, los gobernantes vendieron una deuda de 4,2 billones de dólares que tenía República Dominicana con Venezuela, por la cantidad de 1,8 billones de dólares o sea menos de la mitad. Con el dinero recaudado y tomando las reservas del Banco Central, el gobierno salió provisionalmente del impasse.

AÑO 2017

En este año, 2017, continua el desastre administrativo; ni siquiera se lleva contabilidad de las deudas del Banco Central, de PDVSA, y ni siquiera se sabe a cuánto llegan las deudas públicas, El gobierno pagó $2.200.000.000 con cargo, parte a las reservas internacionales, las cuales solamente quedan $10.000 millones, de los cuales $3000 millones están en efectivo y $7000 millones en barras de oro, que tampoco se sabe en qué país se encuentran.

Los administradores de la nación, para evitar a toda costa declararse en quiebra, decidieron ahorrar divisas no suministrándolas a la importación de insumos necesarios a las pocas industrias que quedan y al consumo de los venezolanos, lo cual ocasionó un espantoso desabastecimiento de comida, medicinas, etc. jamás visto en Venezuela

El gobierno va a tener un nuevo vencimiento de un pago de $3.500.000.000 en octubre del 2017, sin posibilidad alguna de pagarlo, ni siquiera los intereses, ya que desde que el presupuesto de la nación no fue aprobado por la asamblea, todos los refinanciamientos son prácticamente imposibles, pues estos serían ilegales. Maduro y su equipo acudieron entonces a soluciones heroicas como dar concesiones de minas de oro a un consorcio canadiense *y otras negociaciones desconocidas* en situaciones sumamente desfavorables a Venezuela, pero con la condición de que pagaran 7.000 millones de dólares en efectivo.

Vean como se movió el dólar respeto al salario mínimo en esto últimos 5 años

Dólar paralelo:

- 15/06/2013: Bs. 33.

- 15/06/2014: Bs. 72.

- 15/06/2015: Bs 481.

- 15/06/2016: Bs. 1055.

- 15/06/2017: Bs. 8104.

Salario mínimo Mayo:

2013   2.457,02 = 74,45$

2014   4.251,40 = 59,04$

2015   6.746,98 = 14,02$

2016   15.051,19 = 14,26$

2017   65.021,00 = 8,02$

A Venezuela se le vencerán en el año 2018, 10.000 millones de dólares más y en el año 2019 otros 25.000 millones de Dólares, lo cual definitivamente, el gobierno no va a poder pagar sin una refinanciación de la deuda, para lo cual necesita la aprobación de la Asamblea Nacional.

El congreso, advirtió que "Cualquier financiamiento al gobierno **debe ser revisado y aprobado por la asamblea,** de lo contrario es ilegal y nulo", por lo que las empresas extranjeras le dijeron que tenían que arreglar su problema legal ante proseguir la negociación.

Para llevar a cabo su maquiavélico plan, a Maduro se le ocurrió la grandiosa idea de suspender el congreso, **el cual es un golpe de estado a un organismo legítimamente electo,** sin tomar en cuenta que en esos momentos se encontraba reunida la Organización de Estados Americanos, convocada por su Secretario General, Luis Almagro, considerando una severa sanción contra el régimen dictatorial de Venezuela. Inmediatamente se pronunciaron diferentes actores de la vida nacional, primero fue la Fiscal General de la República, luego la Asamblea Nacional y después la población civil en general.

17 países pidieron una reunión urgente del consejo de la Organización de Estados Americanos. Como ha solido suceder en estos casos, los pequeños países del Caribe, comprados con los Petrodólares de Petrocaribe, boicotearon la reunión, quedando todo en el aire.

La oposición hizo un llamado a una manifestación pacífica en apoyo a la disolución del Tribunal Supremo de Justicia, por haber hecho infracción a la constitución. Se hicieron grandes manifestaciones, incluyendo a la del 19 de abril de 2017, considerada como una de las más grandes jamás existidas en Venezuela; estas fueron reprimidas fuertemente por la Guardia Nacional Bolivariana, la Policía Bolivariana y los "colectivos"

Hay una guerra civil entre dos bandos; uno armado y otro desarmado que está siendo acribillado con saldo de muchos muertos, heridos y detenidos. También tenemos la banda de forajidos armados que se auto llaman los *"colectivos"* y, además, maleantes atacando a los manifestantes. Para colmo están bajando los cerros, con armas, asaltando comercios.

Van más de 100 muertos, 1.500 heridos y un desconocido número de personas detenidas. La policía no está de acuerdo con la represión, están ahí por su sueldo, pues no tienen en su casa con qué comer.

Es esos días se alzaron unos militares para tumbar el puente en Fuerte Tiuna, para que no pudieran salir las tanquetas, lamentablemente fueron descubiertos y puestos presos; 3 militares pidieron asilo político en Colombia, uno de ellos, José Alejandro Méndez Sánchez, denuncia que hay 60 oficiales detenidos y que hay una insurrección militar en Venezuela.

El Parlamento Europeo se reunió para exigir al gobierno Venezuela, que presentara un calendario electoral con comicios libres y transparentes.

El gobierno, a través de Elías Jaua, convocó a un diálogo para el lunes 8 de abril a la cual solamente asistió Omar Ávila, quien les puso las cuentas bien claras, entre otras cosas, da cifras escalofriantes de que 3 millones de venezolanos se acuestan sin comer y 1/3 la población venezolana no puede comer proteínas.

Más de la mitad de los infantes están en estado de desnutrición y el 82% los venezolanos se encuentran en estado de pobreza...

Cada 18 minutos muere un venezolano por homicidios, el número de homicidios es de 25.000 en un año, si no nos matan de hambre nos matan la inseguridad.

En el año 2012, Nicolás Maduro, cuando era canciller, recibió una comisión de $11.000.000 en efectivo, de la constructora Odebrecht, para la campaña presidencial de Hugo Chávez.

Se entiende que los salvajes de China y Rusia estén vendiendo armas al gobierno Venezuela, llegaron 150 tanquetas antimotines a Puerto Cabello, procedente de China, **pero es inadmisible que España esté vendiendo armas al gobierno de Venezuela para que asesine más niños.**

Sigue la represión, el gobierno se está quedando sin dinero para comprar más armas, entonces decidieron vender unos bonos de PDVSA, de $2.800.000 Millones por la cantidad de $860.000 Millones o sea con un 70% descuento; a la firma Goldman Sachs, estos $860.000 millones alcanzarán apenas para pagar los intereses al vencimiento de este bono.

Afortunadamente se formó un caso general publicado en la prensa y noticieros en muchas partes del mundo, la asamblea anuló estos bonos. Esto detuvo provisionalmente lo que tenían planeado; era vender nuevamente $5,000 millones por solamente $1,000 Millones a otro en las mismas condiciones.

Ante la caída brutal del bolívar paralelo, decidieron ellos sin pensarlo o también pensarlo con su retorcido cerebro, devaluar nuevamente nuestra moneda.

Mientras más fuertes están las marchas, el gobierno más se atrinchera y se aferra al poder con toda clase de desaciertos, se le empiezan a voltear muchos de sus adeptos incluyendo la Fiscal General de la República, la señora Ana Luisa Ortega, quien se declaró en contra de la nueva constituyente.

En vez de analizar esta situación, los gobernantes arremetieron contra la Fiscal General, quien por supuesto se defendió, y ejerciendo su facultad recusó a los magistrados de la Corte Suprema, quienes habían sido elegidos ilegalmente, por la asamblea saliente, saltándose lapsos legales, el 23 de diciembre de 2015, antes de instalarse la nueva asamblea.

Desafortunadamente los magistrados y sus suplentes todos son chavistas nombrados a dedo por el régimen, al ser ellos recusados, son ellos mismos son los que tienen que dar el visto bueno para el antejuicio de mérito, por supuesto que se iban a inhibir a pronunciarse o declarar nula la recusación.

Sin embargo, lo que hicieron es simplemente declarar ilegal la petición de la Fiscal General.

La revista inglesa The Economist publicó que la única solución de la crisis venezolana es la militar.

Estos maléficos personajes no les fue suficiente mantener incomunicado más de un mes a Leopoldo López, sino que corrieron la voz de que estaba muerto o en muy malas condiciones físicas, para así torturar también a su familia.

El camión de la infamia: el colmo de la tiranía al mejor estilo nazi, agarró a 31 jóvenes, los encerraron en un camión cava, le echaron bombas lacrimógenas adentro y los trancaron, llevándoselos a un sitio desconocido. Los colectivos, en un descaro total, dijeron que ellos habían sido los agredidos.

La deuda sobrepasa los 130 mil millones de Dólares, se le vencen pagos este año por **10 mil millones de dólares**, que son impagables, pero el gobierno se rehúsa a declararse en quiebra; la petrolera rusa Rosneft, está a punto de quedarse con la mitad de Citgo y sus refinerías, lo cual no es nada bien visto por el Departamento de Estado los Estados Unidos.

Venezuela exportaba cerca de 90 mil millones de dólares anuales y ahora apenas exporta 21 mil millones al año.

Continúan las gigantescas manifestaciones pacíficas con una brutal represión gubernamental. La oposición insiste en derrumbar al gobierno sólo a través de manifestaciones de este tipo.

Los venezolanos se han tomado las calles para protestar y piden que se inhabilite a los jueces de la Corte Suprema, que se hagan elecciones libres tan pronto como sean posibles, la liberación de los políticos presos y ayuda humanitaria para comida y medicinas en Venezuela.

Ante la imposibilidad de pagar, lo que hacen los gobernantes es aferrarse al poder, haciendo una convocatoria a una "Asamblea Constituyente" basada en una argucia legal que contempla un artículo. La constitución, **hecha por ellos,** tendría 500 constituyentes; **250 nombrados por ellos a dedo y 250 elegidos en forma extraña,** esta es otra argucia parecida a las elecciones legislativas de

2010, cosa que no está considerada que ninguna parte la constitución, ni en ninguna ley.

La situación es sumamente difícil, el gobierno no se puede mantener económicamente, tampoco puede entregar el poder pues de Maduro para abajo, todos irían presos por todas las fechorías cometidas, que no vale la pena enumerar, así que seguro van a tratar de quedarse en el poder a como dé lugar.

Pareciera que una solución fuese unas **elecciones generales**, pero para hacer esto habría que **cambiar previamente el Consejo Nacional Electoral y muy importante, depurar los registros electorales**, lo cual no se ve muy factible.

Por otro lado, podría ser una solución, **una intervención militar** que saque del poder a estos malhechores y convocar a nuevas elecciones, lo cual se tropieza con una mayor dificultad, por cuanto **los opositores son los primeros en estar en contra de esta opción.**

El ejército cuenta con aproximadamente 200.000 efectivos de los cuales 1.200 son generales; es muy difícil pensar que todos estén involucrados en la corrupción y el narcotráfico; también hay que considerar, que además de militares son seres humanos que tienen su familia, hijos, hermanos, amigos etc. y que están padeciendo las penurias de esta locura, por lo cual considero que es muy difícil que se mantengan impertérritos a esta situación.

Otra opción es que el gobierno de Estados Unidos le ponga una **restricción a la importación de petróleo a venezolano y otra a la exportación de gasolinas a Venezuela**, la cual, aunque Ud. no lo crea, asciende a 45.000 barriles de gasolina diarios; no sabemos y no podemos imaginar el alcance y las consecuencias que esto podría acarrear, indudablemente tampoco creo que el régimen en las situaciones actuales pueda soportar esto.

En el estado de Alberta, Canadá, hay una gran cantidad de petróleo a flor de tierra, mezclado con arena. Se estaban haciendo unos oleoductos que llevarían ese petróleo al Estado Nebraska, en Estados Unidos, para luego ser trasladados a las refinerías del sur de Florida. Este oleoducto fue vetado por Barack Obama, lo que favoreció el desarrollo del comunismo bolivariano en Latinoamérica a través de los petrodólares venezolanos, pues se suspendió su construcción.

Pero entre los primeros decretos del presidente Trump, estuvo la eliminación de este veto. Con la construcción de este oleoducto, será muy difícil que el petróleo venezolano, de altísimo costo, pueda competir con este petróleo.

Continúan toda clase de manifestaciones y paros en toda la nación, con la brutal represión del gobierno.

Ante la insistencia de Maduro y de su Asamblea Constituyente, la oposición decidió hacer una consulta popular el 16 de julio, para ver si el pueblo estaba de acuerdo, habiendo una votación masiva de más de 7,200,000 votos.

El presidente Trump notificó a Maduro, que tomará medidas si él continúa con su Asamblea Constituyente, a lo cual éste iracundo te contestó toda clase de barbaridades.

Hay varios tipos de sanciones económicas, una sería el suspender la venta de gasolina que, aunque sería un golpe duro para los pobres venezolanos que ya están tan maltratados, sería una raya más para un tigre, no creo pueda soportarlo el gobierno

La otra medida sería más contundente; prohibir la compra de petróleo a Venezuela. Consideró que es altamente perjudicial por cuánto ese petróleo sería sustituido por petróleo traídos de Colombia, México y Canadá y en caso de la caída del gobierno, sería muy difícil que Venezuela recuperara este mercado y la tan deteriorada economía de Venezuela sería demasiado difícil, casi imposible de recuperar.

Para mí, lo ideal sería, toda vez que el petróleo de Venezuela se vende a plazos de seis meses para pagarlo, se le congelaran esos pagos hasta tanto el gobierno de Venezuela certifique su legalidad.

Después del anuncio de Trump de sanciones económica a Venezuela, Maduro se aferró a mayores insultos y mayores acusaciones contra Trump y los Estados Unidos; pareciera que lo que deseara son las sanciones económicas, para entonces salir airoso diciendo que tenía razón; el imperio es malo, etc.

Jamás podré entender como países poderosos que reclaman la democracia en Venezuela en la OEA, permiten qué Maduro les eche toda clase insultos y los llamé sanguijuelas, para después continuar manteniendo relaciones diplomáticas y comerciales con Venezuela.

De acuerdo con el Art 44 de la constitución Ordinal 1ro y 2do

Los tribunales militares son únicamente para los militares, los civiles tienen juicio civil por tribunales civiles.

Ninguna persona puede ser detenida por más de 48 horas sin una orden judicial, después de este lapso debe ser pasado a los tribunales ordinarios, para que dictaminen si debe ser liberado o continuar detenido.

Los detenidos tienen derecho de comunicarse de inmediato con sus familiares, abogados o personas confianza.

El SEBIN no cumple las órdenes de liberación dictada por un tribunal como en el caso de la policía de Chacao entre otros...

Como dije al principio del libro, Venezuela se pobló de españoles aventureros que venían especialmente en busca de oro y que se mezclaron con las indias.

Nuestra Venezuela, siempre fue un país tradicionalmente receptor de inmigrantes. Hoy tristemente los venezolanos venimos emigrando y huyendo, no solamente de las persecuciones políticas sino, sobre todo, de una gran inseguridad personal, económica y social.

Como hemos podido observar a través de este libro, desde la **Primera República,** en Venezuela predominó la mala administración, el despilfarro, el peculado y el desorden administrativo.

A partir de 1958 empezó el deterioro moral, político, económico y mental del venezolano. En 1999 comenzó la destrucción de la economía privada y de las infraestructuras de nuestras industrias básicas por falta de mantenimiento. En la represa del Guri, las turbinas se encuentran oxidadas e inservibles. Las petroleras no les dan mantenimiento a los pozos; en la actualidad la producción petrolera está por debajo de los 2 millones de barriles diarios, cuando en 1958 producíamos 4,2 millones de barriles; la refinería "El Palito" se encuentra totalmente oxidada. En la expropiada Electricidad de Caracas no se da mantenimiento a su infraestructura, teniendo como consecuencia apagones en toda la capital.

El General Gómez pagó la deuda pública, Pérez Jiménez dejó un superávit de 2.000 millones de dólares, los adeco-copeyanos nos endeudaron por miles de millones de dólares y en lo que va del gobierno chavista, la deuda se ha elevado a una monstruosa suma mayor de 130 billones de dólares; en realidad se desconoce a cuánto asciende esta deuda.

La democracia es mucho más que elecciones y electoralismo. La democracia tiene componentes políticos, económicos, sociales, humanos y de libertades.

El ingrediente fundamental de una democracia es la separación de poderes: legislativo, ejecutivo y judicial. La concentración de poderes conlleva a la autocracia; la división de poderes lleva a la libertad.

En la primera constitución del planeta, la de Estados Unidos de 1787, se consagró la división de poderes. Esto fue acogido por casi todos los países.

La mayor parte de la gente confunde *democracia con un gobierno civil*. Nada tiene que ver una cosa con la otra. Un gobierno civil puede ser dictatorial. En las 4 décadas de los gobiernos adeco-copeyanos, las garantías constitucionales estuvieron suspendidas y se cometieron toda clase de abusos y violaciones a la constitución; hubo persecuciones políticas y la mayor parte de las libertades estaban restringidas.

La oposición sigue manteniendo firme la tesis de que los militares no están colaborado.

Desde comienzos de nuestra historia, comenzando con el descubrimiento y la colonización, pasando por la guerra de independencia, el caudillismo, dictaduras declaradas o disfrazadas de gobiernos "demócratas", un país inmensamente bello, rico, con tierras fértiles (la mayor parte baldías), con petróleo, hierro, aluminio, oro, energía hidroeléctrica, etc., tiene un increíble nivel de pobreza crítica.

Yo conozco a 2 dictadores en la historia la humanidad que han salido pacíficamente por votos: *Porfirio Días* a principio del siglo XIX, que llevaba 40 años mandando e hizo elecciones limpias, perdió y se fue y *Augusto Pinochet*, quien hizo elecciones habiéndose nombrado previamente ministro de relaciones interiores y que controlaba las elecciones personalmente; cuando perdió puso una lista de condiciones inaceptables, la oposición sabiamente le informó que las aceptaban todas, Pinochet como el hombre palabra que era, agarró su maleta y se fue.

Lo dictadores no se van, los quitan; los comunistas juegan a la democracia hasta que ganan, una vez que ganan no sueltan el coroto.

Pienso que son los militares lo únicos que pensarán el país, que tienen la peor crisis de toda la historia de todo el mundo, de un país que estado sin garra haya llegado a esta desgracia.

Como pueden observar en este libro, en Venezuela ha habido la peculiaridad de que al final de cada término de gobierno, se hacen elecciones y luego los que mandan hacen lo que pueden para continuar en el poder.

Como un ejemplo de esto podríamos citar a los *hermanos Monagas* que se turnaban el poder; al *general Gómez* que, hacia sus elecciones, nombraba presidentes, pero quien seguía mandando era él; *Marcos Pérez Jiménez,* quien a la muerte Delgado Chalbaud nombró a *Suárez Flamerich*, luego hizo elecciones cambiando los resultados y al final de su periodo de gobierno, hizo un plebiscito, cambiando nuevamente los resultados y mandó hasta que fue derrocado por el ejército.

Yo soy ingeniero civil y construí varios edificios en Caracas, además soy piloto privado; un edificio NO se cae por una sola cosa sino por un cúmulo de cosas; malos cálculos, falta de cemento y un terremoto, como fue el caso del Neverí en Altamira, igual que los aviones necesitan más de una cosa para caerse.

Considero que, con solamente marchas, va a ser muy difícil derrumbar estos sátrapas; no se puede dejar solos a estos muchachos desarmados luchando contra un ejército endemoniados de asesinos; **se necesita pedir una convocatoria urgente de la Naciones Unidas, a fin de que recomienden y sancionen a este dictatorial**

gobierno y rompan relaciones diplomáticas y comerciales, hasta el retorno a la legalidad democrática.

Se necesita preparar una buena documentación legal, con fotos y vídeos, y con esta ir a las embajadas y consulados de todos los países del mundo, a explicar lo que está sucediendo a fin de lograr su apoyo.

Asimismo, se necesita ir con esta documentación **al ejército, la OEA, la comunidad europea, las organizaciones empresariales, sindicales etc.** y llamar a un paro general si es necesario, a fin de salirse que esta oprobiosa dictadura, la más férrea de nuestra historia.

LA RECUPERACIÓN, en opinión del autor.

Venezuela está totalmente desbastada, como si hubieran pasado por el país, las 7 plagas de Egipto y la guerra mundial juntas, pues no solamente está destruido económicamente, sino también su gente y su aparato productivo.

Yo diría que está peor que después de la guerra de independencia y de la guerra federal, su recuperación es muy difícil pero no imposible; recuerden ustedes que, en Alemania, después de la 2da guerra mundial, no quedó piedra sobre piedra y con la ayuda del Plan Marshall de los Estados Unidos y con mucha voluntad, hizo lo que se llamó el *"milagro alemán"* y la convirtieron en muy poco tiempo en una potencia, todo esto sin los recursos naturales que tiene Venezuela.

Aunque está demás, todos sabemos que lo primero que tenemos que hacer es salirnos de este desquiciado gobierno.

Habría que empezar por eliminar todos los 27 ministerios que existen y crear nuevos (unos ocho como había cuando P.J.). Y muy importante: sacar a todos los cubanos, chinos e iraníes de identificación, registros públicos, etc.

En segundo lugar, tenemos que empezar por nombrar un nuevo Tribunal Supremo de Justicia y un Consejo Nacional Electoral, que de inmediato empiece a depurar los registros electorales.

También hay que pedir una ayuda humanitaria a todo el mundo, para que nos manden medicinas y alimentos y muy especialmente para estimular a todos los venezolanos en el exterior para que, con sus conocimientos, experiencias y capitales, ayuden a recuperar a Venezuela.

La moneda está realmente dolarizada; todas las operaciones se hacen en dólares y luego la convierten a bolívares, es conveniente sincerar la moneda y dolarizarla

Hay que derogar todos los decretos y leyes aprobados a partir de enero de 1999, (yo diría que, a partir de enero de 1958, pero eso es muy difícil). No faltará quien diga que no todos son malos, en cuyo caso, esos buenos se estudiarían y se volverían a decretar.

Hay que nombrar un primer ministro de economía, qué encauce esta recuperación; hay que empezar a devolver todas las empresas, comercios, haciendas, etc. que fueron expropiadas a sus legítimos dueños. Privatizar absolutamente todo, incluyendo nuestras industrias básicas, e incentivar a las empresas nacionales, mixtas o extranjeras; esto generará una buena cantidad de efectivo tan necesitado en estos momentos e incentivará la inversión extranjera y el retorno de los capitales venezolanos en el exterior.

Hay que renegociar la deuda pública, lo cual sería posible si nos hemos salido de este desquiciado gobierno y conseguir los $50.000.000.000 que estaba negociando el señor *Lorenzo Mendoza*; para iniciar un vasto plan de obras públicas, empezando por el mantenimiento de nuestras industrias básicas, como la petrolera, la petroquímica, la represa del Guri, la reforestación de la cuenca del Caroní, desalojando previamente a los iraníes que están ahí.

Eliminar la mayor parte impuestos empezando por el IVA e incentivar con la exoneración del impuesto a todas *las nuevas* construcciones, industrias, comercios etc.

A la gran mayoría de los venezolanos no le gusta la inversión en bonos, ni acciones etc., sus ahorros les gusta tenerlos en bienes inmuebles, apartamentos, casas, edificios etc., por lo que es necesario hacer un nuevo plan urbanístico a nivel nacional estableciendo nuevas normas de construcción, eliminando todas las trabas.

Incentivar la construcción de viviendas y comercios y restablecer nuevamente los bancos hipotecarios y las entidades de ahorro y préstamo y subsidios a la edificación de nuevas viviendas, esto activaría la industria de la construcción, lo cual es un gran motor de creación de empleos y bienestar económico.

Establecer préstamos a la pequeña y mediana industria, agrícolas y pecuarios de todas clases a fin de recuperar esta industria nuevamente, vital para nuestra economía y para incentivar el regreso de los venezolanos y sus capitales.

Hay que olvidarse de los egoísmos, nacionalismos y envidias, y empezar a trabajar todos juntos por una Venezuela nueva.

Guillermo Capriles

Made in the USA
Columbia, SC
07 November 2018